GRETCHEN RUBIN 葛瑞琴・魯賓——著　錢宜琳——譯

五感全開

充滿驚喜和意義的一年

LIFE IN FIVE SENSES

獻給安妮・墨科利亞諾

這個世界已經沒有人真正在看，

這太難了。

——安迪・沃荷（Andy Warhol）

CONTENTS

看清自己缺少的東西

幾年前，一個普通的日常行程卻澈底改變我往後的生活。

我不過去了趟醫院檢查眼睛。

＊＊＊

某個寒風凜冽的星期四早晨，我一起床就感覺眼睛有種無法睜開的黏稠和異物感。起初我並沒有注意到什麼不同，直到在浴室鏡子裡瞥見自己的臉。我錯愕地發現除了眼白已經變成粉紅色外，睫毛還全部黏在一起。這很明顯是結膜炎的症狀，我盡可能不去胡思亂想，立刻起身前往眼科診間並努力克制想揉眼睛的衝動。

我曾無數次坐在這張椅子上數著掛在淺色木頭牆上的證書，對於不熟悉巨大檢查眼睛設備的人來說，這些複雜的機器看起來的確讓人心生畏懼。我對這一切卻非常熟悉，因為從小學三年級就開始來這裡報到。第一次知道需要戴上眼鏡時我哭成了淚人兒，但發現從此可以看清枝頭的鳥兒和操場上的每一張笑臉時，我立刻愛上它。

醫生像一陣風似的走進來檢查我那已佈滿血絲的眼睛後，同意我說這是結膜炎的業餘診斷並開了些藥水。只是道別時，他一派輕鬆地補充道：「記得盡快安排一次定期檢查。你知道，比起感染結膜炎，你更有可能出現視網膜剝離。」

「等等，什麼？」我轉身問道，「不，事實上，我一點都不知道這件事。」

「你的近視非常嚴重，屬於高風險族群，這種狀況很可能讓視網膜剝離影響視力。這是個嚴肅的問題，所以我希望我們盡快做好準備，一發現徵兆就能立刻處理。」他的口氣很愉快，彷彿只是在給我某個簡單的提醒，例如記得每天喝足夠的水或外出塗抹防晒乳等等。

「不好意思，你能再解釋一下嗎？」我說。我想起在醫生進來前，護士稱我為「高度近視」。

他重複一遍同樣的話，我卻聽得心驚膽跳，想起最近有位朋友因為視網膜剝離失去了部分視力。醫生說話時，我焦慮到心神不安，幾乎沒聽到他在說什麼（而且也忘了做筆記，我是個習慣做筆記的人）。最後他說：「那麼，我們就下次檢查再見吧，好嗎？」

「好的，謝謝。」我愣了一下，默默走出診間。

站在診所外，我發現體內某些東西開始發生變化：我感到害怕了！關於視力可能會消失的這件事！在這次談話前，除了確保隱形眼鏡的品質及舒適度外，我從來沒有考慮過視力的問題。

穿越柔和的黃昏準備走回家時，我望向四周街道恍然意識到我已經很久沒有好好看過最喜愛的紐約街景了，如果我再也看不清或是它消失了，該怎麼辦？

轉過某個街角的瞬間，我的所有感官忽然變得異常敏銳，彷彿大腦中每個按鈕都忽然被轉到最大接收調頻。我努力用黏稠不適的眼睛凝望建築物上方發著光的灰色天空；欣賞種樹箱中美麗的紫色皺葉甘藍花；豎起耳朵仔細聆聽工作日中城市喧鬧的每種聲音：警笛、電鑽、喇叭和叫喊聲。我還聞到汽車排氣、大麻和路邊小餐車販售蜂蜜烤花生的混合氣味。

我從未如此強烈地感受過這個世界！這種前所未有的感覺十分美妙，如海嘯般席捲而來的興奮感讓我想毫無保留地大笑或是對路過的陌生人說：「看看這些樹！不覺得它們很美嗎？」一直到這刻我才發覺，長久以來我錯把一切視為理所當然：顏色、聲音和圍繞著我的所有感覺。

這趟行程只花不到二十分鐘卻讓我恍如再世。我思考著：「我經歷的一切，是當下這個瞬間，它就在這裡。但同時它也已經消逝，永遠無法再重來。」

這二十分鐘讓我悟到一個事實：雖然我現在還能很好地掌控身體，但我無法永遠擁有它。舉例來說，大學時我喜歡窩在不適合閱讀、燈光昏暗的宿舍上鋪讀廉價版的亨利·詹姆斯文學小說《仕女圖》，這讓我現在回覆電子郵件時不得不放大手機上的字體。某天，我可能再也聽不到丈夫杰米響亮的鼾聲；也看不見我們的狗，巴納比叼著它心愛的雪人玩具在公寓開心狂奔的樣子。大女兒伊麗莎已經離開家，而我與小女兒艾莉諾同住的時間大概也只剩下幾年。

我敢肯定地說在照顧身體上我非常稱職：保持足夠睡眠、堅持鍛鍊、吃健康的食物、定期做檢查和接種疫苗、外出時會記得戴上太陽鏡和行車一定繫安全帶。但除此之外，我還做了什麼？我有認真欣賞身體和感謝它帶來的力量嗎？有用心感受每一天嗎？有認真關心我愛的人嗎？

輸入密碼準備進家門時我終於坦然接受這個事實：長久以來忙碌的生活讓我忽略很多事。今天的經歷是一記當頭棒喝，提醒我剩下的時間不多了。外頭太陽逐漸西落，落日陰影籠罩的不僅是中央公園，還有我的生活。我告訴自己，不要走到生命盡頭時才埋怨：「發生這麼多事，我真希望當時早點注意到。」

打開門，迎接我的是空蕩蕩的公寓。但沒過多久就聽到杰米從前廊喊我的聲音。「親愛的，你今天過得怎麼樣？」我帶著濃濃愛意立刻回應並給他一個吻時，我注意到杰米臉頰上粗糙的鬍碴。接下來的聊天，我發現自己以一種不同於以往、更熾熱的方式凝望杰米的臉，這讓我重新看到他迷人的綠色眼睛和夾雜在黑髮中的灰色髮絲。我承認，自己已經很久沒有這樣認真看過杰米。

結束與杰米談話後，我坐在客廳等待伊麗莎和艾莉諾從與祖父母的晚餐中回來。她倆進門時，我發現她們似乎比我記憶中的還要高。這感覺很奇妙，彷彿雖然頻繁見面，我卻沒有把她們看進心裡。

「嗨，你們好。」我邊說邊給每個人一個用力的擁抱。「哈囉！」她們回應著，但顯然對我的熱情有些驚訝。我依序將她們拉到身旁，聞著兩姐妹身上不同的洗髮精味道：一個是蜂蜜，一個是梅子。她倆還小的時候我們有著各種親密的身體接觸，我總是把她們抱在懷裡、幫她們洗澡、餵她們吃東西和擁抱她們。長大後我卻開始保持距離，今晚緊緊抱住她們時，我知道我已荒廢太多時間。

我必須做出改變。

結膜炎幾天後就好了，但我無法停止思考這一切。

＊＊＊

多年來，我不斷研究人性並思考如何建立更幸福的生活，所謂「心靈科學」（the science of the soul）。研究中最重要的發現是：只有深刻的自我覺察後，才有建立幸福生活的可能。舉例來說，一個人的生活如果能越大程度地反映出其真實的氣質、價值觀和興趣，就越能擁有快樂的生活。所以，我花了很多時間瞭解自己。在開始進行自我覺察前，我曾一度嗤之以鼻地想著：「瞭解自己能有多難？我整天都和自己混在一起。」但事實證明，瞭解自己非常困難。

想要更好、更真實地瞭解自己，我開始向自己提出問題，比如：「我羨慕誰？」「我在什麼方面撒謊？」「我十歲的時候在玩什麼？」「我如何將我的價值觀付諸行動？」我甚至遵循幾十個專家所述可以增加幸福感的方式，例如：找回逝去或冰封的友誼、遵循克服拖延和懶惰的一分鐘法則、慶祝每個有意義的小日子以及選擇有願景的生活。

儘管有這些努力，過去幾年我依然覺得自己被某種東西困住，困在自己的腦袋裡與世界和所有人脫節，最後也跟自己脫節。我曾經從紐約飛到洛杉磯探望妹妹伊莉莎白，但回來時，我完全沒有印象是否有注意到她說話時總會出現的專屬手勢，也不確定她是否仍然每天戴著她最喜歡的圓環項鍊。我，真的有認真和伊莉莎白相處嗎？

這麼多年來，我不斷試圖釐清自己到底缺少什麼。那天看完結膜炎散步回家的路上我終於找到答案：我的生命，需要更親密且真實地與感官產生連結。以前的我總認為，身體僅是一輛由大腦駕駛，負責在城市穿梭的汽車。但說實話，身體並不僅是靈魂的某種交通工具，也不是沒有出現問題時就可以輕易忽略的存在。身體和感官，是我與世界和其他人產生聯繫最基本的元素。

當然，我知道即使失去某些功能，我還是可以擁有快樂且完整的人生。我擔心的是有天我會後悔這些年來漠視的一切。舉例來說，現在的我可能會想：「我忙壞了，哪有時間規劃去死亡谷旅行。」但如果某天失去視力，我就會想：「噢，真希望我能看到沙漠。」有些人喜歡山，有些人喜歡海，有些人喜歡草地、湖泊和森林，也許我喜歡沙丘的景觀，但現在我根本不知道它是什麼樣子。

如果現在停下來認真思考，我真的知道藍莓裡面是什麼顏色嗎？還有耗費很多年我才搞懂自己壓根不喜歡畢卡索的作品，相較之下托馬斯・科爾的風景畫更吸引我。又比如喝下無數杯伯爵茶後才發現我喜歡的是英國早餐茶。有次母親看見我穿著最喜歡的瑜伽褲說著：「海軍藍很迷人呢。太棒了，你終於有不是黑色的東西了！」說實話，我完全沒注意到瑜伽褲是藍色。我住在紐約，卻從未在路上見過任何名人，還是我根本沒用心？

但我沒有渾噩度日，我每天會花數小時閱讀、寫作和與人交談。我還會列出清單、制定計畫和目標，也會計算每天走了多少步。簡單來說我讓自己處在不斷自我檢視的過程，也不斷地問自己該怎麼做才能成為我想要成為的那個人。但當我將生活所有的重心都聚焦在人生實際面的強度、生產力和結構上時，那次步行回家的體驗卻告訴我，我一直默默讓生命中各種美好的感覺溜走而不自知。我不禁開始思考，如果我更專注在感官體驗，是否能發現不一樣的世界？

這些年來，我從沒留意自己什麼時候想喝薑汁汽水或不想聽見手機的鈴聲，也沒有注意到伊麗莎戴了這麼多戒指和艾莉諾喜歡在洗澡時播放音樂，更沒發現杰米開始吃希臘優格。我幡然醒悟，人的感官，有能力將我們和那些重要的人與時刻緊緊連在一起。

感染結膜炎的那個午後帶給我三個重要啟示。第一是我想要更真誠地感受和欣賞生命中的每個時刻。再來，我想走出腦袋，走進生活。最後，我想加深對世界、對他人以及對自己的瞭解。

那天散步時強烈的生命力在體內流竄，因為當時的我是如此真切又熱烈地擁抱所有流經身體的感受。也是在那一刻終於清楚地知道自己想要什麼，我想研究感官帶給生命的驚豔，我不願再錯過一分鐘。

但研究感官這個目標對我來說並不容易，很多人喜歡從事能與身體產生互動的活動，如跑步、游泳、飛蠅釣或演奏樂器。我只喜歡閱讀，輕撫巴納比已經是我最接近與身體互動的愛好。

我的品味也過於小眾和無趣。舉例來說，比起豪華大餐，我更喜歡當地餐館裡的普通炒蛋。而且我無法喝酒，幾乎滴酒不沾哪怕只是一小杯紅酒。我喜歡聽奇怪的歌曲，卻很少認真聽音樂。我還能舉出更多例子：只喜歡輕柔的按摩、只吃全熟的肉、不喜歡太辣的莎莎醬、喜歡欣賞看起來就很美的藝術品。

老實說，我並沒有努力去塑造充滿體驗的生活，因為總是選擇方便而不是樂趣。當其他人費盡心思製作一杯完美的咖啡時，我考量的是哪種方式最快速和簡單。喝咖啡時我用的是馬克杯，而不是拿具有儀式感的精緻杯子細細品味。每年聖誕節我們家一定是買小型的人造聖誕樹，芬芳帶刺的真聖誕樹從不在我的考慮名單。我過去也長期拒絕女兒們養狗的請求，因為不想處理額外的工作。

儘管經過這些年的努力，我對幸福和人性已有一套獨特的看法（對事物能產生特別的體悟和見解是我最喜歡自己的特質之一）。但現在我意識到，隨著時間推移，我變得過於嚴肅和缺乏耐心，總是行色匆匆想趕回辦公桌處理待辦事項。雖然很喜歡工作，但過分關注效率和生產力讓我的精神萎靡不振，呈現呆板和停滯的狀態，我想用感官提供的活力刺激和找回自己。

伊莉莎白常對我說：「你知道嗎，你會是位非常優秀的和尚。」這話一點都不假，我是個高度自律的人，非常重視好習慣的保持和養成以至於幾乎從不休息，即使已精疲力竭。有些人的生活可能很隨興甚至一團糟，但絕對不會是我。我的缺點是，太嚴謹地活著。

每天，我總是過於專注執行每項計畫和清單，導致無法感受周遭的事物。我常在海灘散步卻幾乎沒看到大海，因為忙著在腦中為新書重新撰寫某個段落。我也無法聽有聲書，光是腦中吵雜的聲音就足夠淹沒那些內容。

最近我帶著伊麗莎、艾莉諾和巴納比去附近的攝影店為每年的家族情人節賀卡拍照。當我匆匆忙忙完成整個過程，想著這樣就可以盡快趕回去工作時，赫然發現自己的行為有多諷刺。拍照的意義在於捕捉女兒們和狗狗那一刻的身影，但在整個拍攝過程中，我幾乎沒有看她們一眼。

現在，我也許找到一種能把自己長期身處在迷霧中搖醒的方法。我要去看、去聽、去聞、去嘗、去觸摸這個世界。如此一來我不僅只活在腦中，而是能更真實地倚賴身體去生活。我要享受感官帶來的感覺，更重要的是我想利用感官帶來的溫度和力量和他人產生聯繫。

最終，找回我自己。

找回感覺

我想充分運用感覺帶來的力量。但「感覺」到底是什麼？

積極如我立刻起身前往圖書館潛心鑽研，原來在各種感覺中，有五種被稱為「亞里斯多德感覺」或「幼兒園感覺」（Kindergarten Senses）的感受，分別是：視覺、聽覺、嗅覺、味覺和觸覺。人體的眼睛、耳朵、鼻子、舌頭和皮膚等感覺器官通過神經與大腦相連，再由大腦下達指令傳遞各種神經元訊息給身體。透過感官和大腦的和諧工作，我們得以一窺世界堂奧。**感覺**是對感官的刺激（例如：舌頭嘗到鹽的味道）；**知覺**是整合感覺與我們對世界的認知（例如：大腦從視覺、聽覺、嗅覺、味覺和質地中感知到：「嗯，這是很棒的椒鹽卷餅。」）

除此之外，研究人員還發現許多額外的感覺。例如，「本體感覺」讓我們即使閉著眼睛也能知道身體各部位的確切位置，如：用手指觸摸鼻尖和爬樓梯。「平衡感」讓我們在坐、站、跑、騎自行車或走鋼絲時保持身體平衡。內感受（或內在感覺）讓我們有能力感受和詮釋各種來自身體內部的細微感覺，例如：我的心臟在跳動嗎？我緊張嗎？我是不是餓了、渴了、需要上廁所了？

研究人員的清單內容還在持續增加。儘管每種感覺都很迷人且對豐富人類生活有不可抹滅的貢獻，但有些感覺很低調，不像五大感官擁有引人注目及歌頌的魅力，例如：心跳和呼吸。通常只有在不舒服的時候，我們才會注意到這兩種感覺的存在。

有鑑於此，我決定要研究「迷人的五感」。

大腦過著安靜的生活，它被溫柔地包覆在頭骨裡，漂浮在腦脊液中，含水比達到百分之七十三。成年人的腦部重量約一點四公斤，只占體重的百分之二卻驚人地消耗掉人體每日百分之二十的熱量。於是，神奇的大腦讓人類完成許多壯舉。幾天前，我站在一輛行駛中的公車上與朋友邊聊天邊注意站名，還能邊吃著堅果，這無疑是大腦令人驚嘆的多工協調成就。

每個人的眼睛、耳朵、鼻子、舌頭和皮膚分分秒秒不斷沿著複雜的神經迴路發送訊息，當這些訊息抵達意識時已被整合成一個完整的資料。這是「感覺中樞」（sensorium）的功能，讓每種感覺完美地連貫並與世界產生聯繫。

檢查完視力的那天晚上，艾莉諾帶了一大箱覆盆子回家，我裝了滿滿一碗。覆盆子璀璨如寶石般的顏色、新鮮的花香味、獨特凹凸不平的觸感以及咬下瞬間迸發出的甜味都讓我一口接著一口停不下來。經過下午努力地找回五感後，我已經能慢慢分辨出這些迥異的感覺。那一刻，我經歷的是純粹的「覆盆子」體驗。

行走於世上，大腦不斷對感知到的一切進行調整。當遇到某項不完整資訊時，大腦會針對所看、所聽、所聞、所嘗和觸摸到的物品進行有根據的猜測，而不是瞎猜。舉例來說，視神經附著在眼球上導致人類視力有盲區，但大腦會確保我們在環顧四周時不會出現空隙和盲點。除此之外，當一種感官無法滿足需求時，大腦會立刻尋求其他感官協助。試著想像這個情況：如果我一直沒有辦法看到一隻惱人的小蟲，下一秒我可能會改用聆聽聲音變化的方式來尋找牠，例如小蟲飛行時聲音的大小、落在不同物體表面時的聲音以及聲音抵達耳朵的時間差等等。於是我們學習到，可以利用耳朵而不是眼睛來追蹤小蟲的位置和速度。

除此之外，五感還經常相互妥協。當需要某種感官主導場面時，其他感官會趨於靜寂。就像我和伊莉莎白通電話的時候，大腦會幫助我集中精神聽她說話，減少讓我注意到窗外雨點敲打窗戶的聲音。美國普普藝術大師安迪．沃荷回憶有次走進伍爾沃斯商店時的場景：「我持續聽到某種奇怪的嗡嗡聲，可能是店裡的空調系統出了問題，但那一點都不影響我的心情，因為我完全被烤花生的味道吸引。」

同理，當某個感官暫時歇息時，其他感官會變得更加敏銳，好比接吻時我們會閉上眼睛。以我的例子來說，我是個很怕開車的人，所以每次開車前一定會關掉收音機，保持專注力。

一般來說，出現變化時感官會提高警覺，因為改變意味著危險。走在路上，飛行的鳥兒吸引我的目光，但我可能因此沒有注意到地上的石頭而跌倒。另外，一旦某種感覺變得熟悉，感官就會逐漸忽略它。就像幾個月後，我的皮膚不再記得棉質T恤的觸感，防晒乳的味道也逐漸從記憶中消失。

五感傳送的每一條訊息都是為了更好地協調和聯繫「人」。我們對其他人的想法和行為有著無窮的好奇心，這讓感官對人類的生存至關重要——「他們在看什麼？」「他們在說什麼？」透過觀察、傾聽、嗅聞和觸摸他人，我們可以對其身分、慾望、知識、信仰和動機做出精準猜測。每個人發出的訊息是如此迷人又多變，讓人難以抗拒，以至於很難集中注意力。這也是許多在開放式辦公室工作的員工埋怨之處。

有些研究想利用具體的模型解釋五感，然而人類世界多的是只可意會，不可言傳的境界。與動物不同，人類世界是經由想像力演化而來，是思想意識的主宰。只有人能思忖：「如果……會怎麼樣？」「他們在談論我。」和「這是神聖的。」一隻狗不會凝視瀑布；當人凝望時，我們看見的，不只是瀑布。

每個人都擁有獨一無二的軀體，那是命運授予我們、經過歷史演化塑造而成的肉體。人類的感官，被設計成能根據當下特殊情狀展現出特定的世界觀。當我只有十歲、當我懷孕了、當我是個菸槍、當我喜歡觀賞鳥類、當我正處於低潮期、當我忽然改變說話的語調、當我與生俱來一種因「嗅覺受器OR6A2基因」變異，無法接受某種食物的氣味，例如香菜、又或者當我剛在學校經歷一個糟糕的酒醉夜晚。這些特殊的情狀透過五感的呈現與連結，讓世界在每個人眼中變得如萬花筒般繽紛又立體。正如美國非裔女作家柔拉·涅爾·賀絲頓的觀察：「每個人手中都握有一個專屬香料盒，只有自己，能調出最適合自己的美味食物。」

然而，多數人都誤以為每個人看到的世界是相同的。我發現許多人直到成年後才意識到自己有難以區分紅色與綠色和嗅覺異常的問題。美國知名律師傑拉德·謝（Gerald Shea）在回憶錄《無字之歌》寫道：「直到三十四歲，我才發現自己在六歲那年就因為猩紅熱失去大部分的聽力。」另外，世界上有一種人被稱為「聯覺者」，他們擁有罕見的混合感官能力。具體來說，他們的某種感官受到刺激時，會同時引起第二種感官產生反應，因此看見字母或數字時能同時看到數字的顏色，聽到音樂時能看到音符的色彩和律動，讀到文字時能聞到文字產生的味道。但聯覺者並不知道不是所有人都具備這些能力。

每個人擁有不同的感官處理系統，有些人對某些感覺難以承受，對另一些細微的感覺卻幾乎沒有印象，像是理髮、穿過擁擠的商場、聞著超市洗衣粉區的綜合氣味或迎面而來的微風等。想要更真實感受一切，除了需要身心靈全心意投入外，使用不同的工具和策略也可以幫助我們管理感覺。

瞭解每個人都以不同的方式體驗世界，讓我們能更有同理和包容心。學會不急著否定每個人對視覺、聽覺、嗅覺、味覺和觸覺提出的不同意見和學會尊重，才能創造出讓眾人感到舒適的感官環境。

目前而言我只想探索自身的五感體驗，上述針對處理感官差異性的研究已經超出我的研究範圍。話雖如此，我依然從中學習到相當寶貴的一課：每個人，都沉浸在由五感釀造出的迷人生活中。

知道自己有能力創造出「某個世界」是種很奇妙的感覺，不管身處黑暗或寂靜，大腦時刻接收著五感傳來浩如煙海的訊息。那個未經加工處理的外圍世界是一片沉寂：沒有顏色、沒有音樂、沒有氣味，直到這些訊息經由迴路抵達大腦後，世界才開始在每個人身體裡迸發出新生命。法國作家兼哲學家西蒙・德・波娃曾寫下：「我需要雙眼，才能把紅銅色的山毛櫸與藍色的雪松相映成趣，看進靈魂。」

以及「當我離開後，那片風景就成了碎片，不再為任何人而存在。本質上，就已灰飛煙滅。」

我知道在我死後，某些烙印在生命中的印象也將隨之消失。那年密蘇里州的酷暑，光著腳丫被乾草扎過的刺痛感；接女兒們下課去麵包店購買杯子蛋糕被各種香味包圍的幸福感；某個冬日午後沐浴在粼粼陽光斜射進廚房的溫暖感，都將不復存在。

在此同時我注意到外頭開始下雪，我直覺地喃喃道：「不急，我可以下次再看。」幾秒鐘後，「不！我不能再這樣下去。我要停下來，真切地感受每個瞬間。」我大聲向自己保證，但是，該怎麼做？

為了揭開如何重新找回自我的神祕面紗，也為了重現那天從診間步行回家時的感動，我需要計畫。

我想把個人挑戰變成一項專業計畫，這並不困難，因為我做過許多類似的實驗。我自詡為街頭科學家，世界就是我的實驗室，我就是自己最好的小白鼠。我解決過諸如：「為什麼我們要從事現在這份工作？」和「如何才能變得更快樂？」這類問題。在詢問別人前，我總是先從拷問自己開始。

我馬不停蹄開始制定計畫準備深入調查感官，畢竟我不可能一夜之間就神奇地看清一切和超越自己。多年的實戰經驗告訴我，採取具體行動所獲得的成果遠比設定崇高但模糊的決定來得好。

也許我無法時刻督促自己「活在當下」，但可以捧起一朵有著鮮甜泥土味的番紅花用力吸一大口氣，享受那個瞬間。那麼，我該如何開始？

我喜歡穩定、熟悉和可預測性，所以採用層次清楚、條理分明的實驗方式是最高準則。體驗五感時，我將遵循傳統的「看、聽、聞、嘗、摸」順序。不僅是因為我習慣這個接收感覺的次序，也因為視覺是人體最高度發達的器官，其次則是聽覺。儘管對累積人類生命經驗和創造幸福感也至關重要，其他三種感官並沒有強烈主導我們的意識，在大腦中占據的空間也較小。嗅覺排在味覺之前是正確的，因為味道主要是由嗅覺產生。這個順序也如實反映感官可掌控的範圍：視覺和聽覺可以告訴我們遠處發生了什麼、嗅覺能反應的距離較短、味覺和觸覺則需要直接的接觸。觸覺排在最後，是唯一遍佈全身的一種感覺。

對於每種感官，我會從它如何運作開始研究。其實早在我出生前，我就已經在審視不同感官呈交的工作報告，只是當時的我對那些報告內容一無所知。懂得的越多，注意到的細節也就越多。

在能充分接觸各種感覺的基礎上，我會設計各種有趣又實用的練習，例如上一堂課、計畫一次冒險或嘗試一個簡單的實驗。我也會想辦法先讓自己沉浸在某種強烈的感覺中，然後試著剝奪、蒙蔽、加深或放縱這份感覺。最後，試著緩和它帶給心靈的刺激。

我還會邀請家人和朋友共同參與，因為我想透過五感實驗深化生命中的每段關係（我可能也會徵召伊麗莎和艾莉諾加入）。透過五感實驗，我希望找到新的方法和我愛的人們建立連結。

我還有個一年內每天去拜訪某個特定地點的雄心壯志。我喜歡固定和規律，所以這個計畫非常有吸引力。能夠預期某件事發生也讓我非常興奮，這一年我可以毫無保留地探索並記錄看到、聽到、聞到、嘗到和觸摸到的所有細節。

有人說，發現自己身處危難（如發生車禍、嘗試危險的冒險活動）或歷經艱難後（如開啟新戀情、與大自然搏命）會更珍惜生命和充滿幹勁。但我不想拿生命去冒險也不想澈底翻轉生活，我只想改造平凡的每一天。我期盼更專注在每天發生的感覺，如此無疑可以改變那些已鑲嵌在我生命中熟悉又陌生的一切。

這次的研究成果一定不夠鉅細靡遺或面面俱到，因為我只會研究我自己的五感並探索哪些最吸引我。每個人都擁有自己的時區和場景，也透過自身感官補充各種無論實用與否的知識來與世界打交道。所以，我只能研究自己。

即便如此，我還是希望能從這個微型研究中發現更多關於五感的宏觀真相。考慮到歷史上人類驚人的生存多樣性——那些生活在全球各地的人、那些生活在五百年前的人、那些生活在離我公寓一個街區的人，這些人都真實存在於某個獨特的宇宙。我迫切希望透過探索及重新認識五感，對人類存在世上的歷程有更透澈的感悟。

以自己為出發點，我開始思考我究竟有多瞭解自己。人類擁有「前臺感官區」（foreground senses）和「後臺感官區」（background senses）。前臺感官區讓我們關注某件事、尋求新的體驗、喜歡聊天和學習新事物，是帶來快樂元素的感官。後臺感官區關心的則是如何避免負面情感，而不是擁抱正面情緒。雖然有些人能享受五感帶來的每種感受，但有些人，比如我，只能體會其中一些。

視覺和嗅覺是我的前臺感官群；聽覺、味覺和觸覺則屬於後臺感官。我喜歡欣賞美麗的商店櫥窗擺設，但對聽音樂或嘗試食物興趣缺缺。杰米熱衷聆聽各種最新發行的音樂，但幾乎從來沒有對氣味發表過意見。有位朋友很喜歡烹飪和品嘗新食物，卻從不參觀公園、商店或博物館。透過這次實驗，我想喚醒長久以來被忽視的感官。

我還期待能發現感官的各項超能力。諸如：五感是否具有喚起記憶的能力？是否能帶來愉悅？是否能將自身與他人產生聯繫？

如今，人類的視覺、嗅覺和觸覺已被太陽眼鏡、除臭劑、各種保護腳踝的鞋子鈍化；味覺和聽覺則被高果糖玉米糖漿和吵雜的電梯音樂聲淹沒。看電影時，我能看到和聽到比現實生活中更多資訊，但嗅覺和觸覺卻沒有接收到任何訊息。我們目前身處的環境，儘管感官已被外在環境放大加工處理到過於飽和，但這些感覺依然是虛擬和扁平的，我想進行直接接觸。

有時當我和人們談論幸福時，他們會問：「在這麼多痛苦和不公不義中，只在乎自己的體驗和幸福是否太自私？」探索本身的五感就是一例。

關於這個問題，我的答案一直是否定的。研究告訴我們，對世界充滿好奇與熱情的人通常更快樂，因為他們願意花更多的時間當志工、捐獻金錢、參與投票和盡可能地幫助他人。這就是為什麼飛機上一句老掉牙的飛航安全須知「幫助別人戴上氧氣罩前，先將自己的戴好」被廣泛運用在各種場合的原因。這句話或許是老生常談，但說的一點也沒錯。先照顧和穩定好自己的情緒，才有餘力去幫助別人。我相信，五感會提供有效的方式讓每個人更貼近自己。

我還想藉由這個實驗沉浸在某種強烈的感覺，讓餘生不斷淬鍊五感。日子看似很長，但其實歲月如歌。時不我待，剩下的時間越來越短。

隨著年齡增長，對時間的感受也在加速。正如英國詩人索西（Robert Southey）比喻：「盡可能地活得久一點，人生前二十年的記憶是悠遠生命中重要的一部分。」的確，高中一年級的記憶跟了我一輩子，但高三的記憶卻已轉瞬即逝、模糊不清。

我面臨的不僅是身體功能的脆弱性，還有周圍事物的易逝性。我最好現在就學會開始享受每一刻，因為只要一眨眼，一切就會消失。

儘管這個沉重的事實像山一樣壓著我，但每當想到即將開始的實驗，就有種飛揚的興奮感。我的五感會不會讓我變得更有觀察力？更有創造力？更懂得去愛？想到這裡，我就不由自主地精神抖擻，充滿鬥志。

女子與窗扉邊的男子肖像
約 1440 年
菲利普・利皮

· CHAPTER 1 ·

學會去看

視覺的魅力，
為什麼沒有人注意到大猩猩？

人類最大的樂趣：空氣、光、擁有健康的身體和視覺享受。
——哲學家馬利奧．曼利奧．羅西《對時間易逝性之探討》

SEEING

將剛出生的伊麗莎從醫院接回家後，我讓她睡在我和杰米中間。那時我總覺得時間怎麼樣都不夠，我貪婪地想把眼睛再睜大一點，想讓時間再走慢一點來好好欣賞她的樣子。

伊麗莎是早產兒，回家前已經在新生兒重症加護病房待了整個星期。她只有一．八公斤，但嬌嫩的五官和完美的小手讓我驚嘆。我知道即使她的身體如此脆弱，依舊能勝任生命中的每項挑戰。

伊麗莎的臉比我手掌還小，幾乎看不見睫毛。她睜開眼睛時，儘管目光像所有新生兒一樣難以捉摸且流轉時缺少焦距，我還是被她的存在深深震撼。

我永遠不會忘記這個情景。

＊＊＊

我經歷過伊麗莎降臨世上帶給眾人的感動時刻，但現在的我幾乎沒有以那種溫度看待世界。每天早上，艾莉諾會烤兩塊吐司，坐在廚房餐桌旁一邊嚼著一邊查看手機。她真的有坐在那嗎？還是只是我的錯覺？

那天去醫院檢查眼睛讓我瞭解，原來我是如此重視和依賴視力。透過雙眼看到的萬物能為我們帶來歡笑、哭泣和改變生活，我卻總是太功利地使用視力。

乘坐地鐵時，是視覺帶領我穿越車站登上列車，但我很少注意身旁的人事物。安迪．沃荷說過：「這個世界已經沒有人真正在看，這太難了。」現在，是時候學習如何去看了。

人類使用雙眼時，光線通過角膜、瞳孔和水晶體抵達視網膜，在那裡感光細胞將光線變成電位訊號。接著從視網膜到視神經再到大腦，大腦將這些信號轉化為圖像，最終產生意義。即使外在環境快速變化，視覺系統依然能檢測到不同的顏色、形狀、運動和深度。人類雙眼各自接收著略有不同的資訊，大腦利用這些資訊創造出3D影像。

直到現在我才驚訝地發現，認為是「自己」在欣賞世間一草一木的想法有多幼稚，這一切都是大腦不斷幫我們修補後的景象。「色彩恆常性」代表即使光線發生變化，我們仍會讓熟悉的物體或場景保持相同顏色，就像我知道中央公園的雪地是白色的，無論是在中午的耀眼陽光還是薄暮時分的藍光下。同樣，「大小恆常性」代表某個物體始終保持相同尺寸，不會因為視網膜距離的變化而有大小差別。比方說，無須刻意分析，我也知道那棵樹不會因為走近就忽然變成聳立的參天巨木。放眼望向公園，多數人以為是「自己」悠哉地環顧四周，事實上雙眼早已不斷迅速地從一個點跳到另一個點幫大腦攫取資訊。

大腦也會自動排除干擾視線的東西，比如鼻子和眼睛裡的血管。雖然大腦給世人一種時時刻刻都能看清世界的印象，實際上我們只能從一個小視窗中看到細節。我把手伸直後看著大拇指的寬度，這就是我能看清楚的視力範圍，大概只有A4紙上的七、八個字母。儘管有種視力受限的錯覺，實際上周遭依舊相當清晰。

大腦負責整合來自所有感官的資訊。有趣的是每當出現衝突時，通常都是視覺獲勝。例如在麥格克效應中，如果我們看到的脣形跟聽到的聲音跟不一致，大腦會立刻進行糾正，讓我們聽到我們所「看到」的。

然而，大腦的視覺偏見也造成一些無可奈何的妥協。我喜歡花香，但當今培育玫瑰花的主要考量是顏色、形狀、壽命以及抗蟲害的抗病能力，而不是以花朵最重要的特性「香味」來栽種，這多少讓我有些遺憾。又例如儘管我並沒有很喜歡吃番茄，卻經常聽到番茄愛好者抱怨番茄已經變得過度五顏六色、摸起來沒有彈性又寡淡無味。與花農一樣，果農也是基於漂亮的外觀、易於包裝統一的尺寸而培育番茄，不再是為了味道。這是視覺戰勝味覺的淡淡哀愁。

很多時候我們經常忽略眼前發生的事，因為大腦此刻正專注在其他地方。我上網觀看令人震驚的「看不見的猩猩」實驗影片，這支影片試著解釋何謂「不注意視盲」現象。六位參與者站在舞臺上，其中三位身穿黑色T恤，另外三位身穿白色，接下來旁白說：「請計算白色衣服球員傳了多少次球。」我全神專注地盯著白隊球員，最後得知答案是十六次時，我非常驚訝，因為只算到十五次。然後（劇透警告），旁白問：「你有看到大猩猩嗎？」我的老天爺，沒有！因為我一直集中注意力看著白隊傳球，壓根沒有注意到中途有個打扮成大猩猩的人跑進來。

這種不注意視盲不僅適用於大猩猩，二〇一九年，熱播的奇幻影集《權力遊戲》有則相關貼文引起粉絲的熱議——一杯時髦的外帶咖啡唐突地出現在閃爍著蠟燭、滿是精緻高腳杯的中古世紀城堡晚宴桌上。儘管經過剪輯人員、製片人和高層主管的層層把關，卻完全沒有人發現，因為大家都忙著關心其他元素。

雖然每個人都認為自己看到、聽到、聞到、嘗到和觸摸到的一切能準確地反映出客觀事實；事實上，我們傾向把自己投射到這一切體驗中，最終看見的，是大腦想讓我們看見的。好比最喜歡的鞋壞掉時，我會訝異地發現無數家修鞋店的資訊開始在腦中湧現，因為大腦認定這些資訊有用。

毋庸置疑，不同大腦對物品外觀也會給出迥異答案。二〇一五年，一名女子在臉書發佈一張身穿條紋裙子的照片後，瞬間在網路和視覺科學界爆紅。全世界都在爭論這條裙子到底是白金色還是黑藍色，兩派人都很難相信有人會看到不同的顏色。

我在網路上找到照片，仔細研究那條裙子。縱使人類存在「視錯覺」，但大部分情況下我們還是可以分出差別：這是鴨子還是兔子、是花瓶還是人臉。但是看著那件洋裝，我遲疑了，無法分辨它究竟是黑色還是藍色，也無法確定衣服的真實顏色，因為我只看到白色和金色。這張照片引起激烈的論戰，為什麼大家看到如此兩極的顏色？這個分歧起因於大腦會因照明條件的差異而對顏色產生各種假設；這件衣服是在自然光、人造光還是在陰影下拍攝？拍攝的是正面還是背面？考量種種因素後，大腦會替我們做出不同的決定。

人類的視覺系統強大而複雜，同時也很脆弱。雖然視力退化的定義多有不同，但有超過三千二百萬的美國成年人指出即使戴著眼鏡或隱形眼鏡依舊看不清楚。好在現代科技能幫助視力障礙者更人性化地瀏覽世界，像是點字、螢幕放大閱讀器、GPS設備還是掃描器。除此之外，創新技術也不斷問世，例如智慧拐杖。智慧拐杖除了能與智慧型手機配對，提供方向和資訊外，更內建高科技的超音波感應器。這個新技術不但可以讓視障者更精準地避開路上各種障礙，還能偵測到較高（約到胸口）的障礙物，這是視障者迫切需要拐杖具備的功能之一。

但晶片和感應器並不是唯一解決視力問題的方案。美國詩人作家庫希斯托在其發人深省的回憶錄《盲人的星球》中寫下他與拉布拉多導盲犬的關係：

我是個活蹦亂跳的盲人，帶著一隻受過訓練的狗狗四處旅行。我們敏感又神祕莫測，我們能聽到一切，我們總是為對方著想。進入曼哈頓地鐵時，我們是人頭狗身的半人馬，或者也可以反過來。我們有兩個頭，六條腿。

有時，我們能感受他人的情緒，有時則不然。每周，我和伊莉莎白會一起主持一集《與葛瑞琴．魯賓一起擁抱更快樂的生活》Podcast。其中一集，我們訪問記者法蘭克．布魯尼他中風後視力受損的經歷。他說大多數人都會面臨某項挑戰：「如果每個人都穿著三明治廣告牌，上面列出正在處理的人生難題。我想大家就能更有同理心，不再以固有的思維與他人互動。」永遠記得，自己的感受並不能代表其他人，這一點很關鍵。

尋找被忽視的事物

開始進行視覺實驗前，我給自己訂下一個任務：尋找多年來忽視的大小事。

大腦時時刻刻提醒我注意「它認為」重要的東西，現在我想訓練自己發現各種小細節。不管是藏在背景中的事件，還是眼睛和大腦認定為我好讓我忽視的景色。

人類有漠視熟悉事物的傾向，我想知道我錯過什麼。例如連續好幾個早上，我邊煮咖啡邊拿起一旁沾有花生醬的湯匙，洗淨後放進洗碗機。直到第四天早上我才想起要問杰米：「你是不是一直沒睡好？」一匙花生醬是他最喜歡的宵夜，這幾天我在廚房煮咖啡卻完全沒有注意到這個線索。我看到了湯匙，卻沒有看進心裡，等我終於想到開口詢問，杰米才告訴我，最近工作上的難題讓他無法入睡。

抵達新地方或嘗試新活動時，大腦會立刻開始處理新資訊。於是時間似乎變得緩慢，我們的感受和情感也變得更加生動與強烈，這就是為什麼七天的假期比待在家中一個月更令人難忘。但另一方面，如果我們日復一日進行一成不變的活動，大腦就會發出指令讓感受變得模糊。某天下午我走到街角的郵筒寄信，但在回家的一小時後，我開始懷疑是否真的有把信寄出去。為什麼會有這種模稜兩可不確定感？因為大腦判斷這種瑣碎小事不重要。

很明顯，長久以來我忽略很多。我必須改變。

於是帶巴納比外出散步時，我不再迷失於各種紛飛的思緒，而是強迫自己注意周圍的事物。我給自己安排許多任務：在城市中尋找紫色、尋找樹木或是尋找帽子。還要研究不同公寓的材質，這棟是由深紅色的磚頭建造、那棟是用白色、旁邊那棟則是淡黃色的石塊，我在這個街區走過無數次卻從未注意到這些差異。（還有為什麼這裡的遮陽篷都是深綠色？其他街區的遮陽篷卻有各種不同顏色。）當把目光望向路上的狗狗時，我也發現非常有趣的畫面。活力充沛的小狗拖著主人狂奔，高齡狗狗慢吞吞地要人邊走邊哄。有些狗狗很友善，有些狗狗完全不理人。看著許多狗狗都穿上靴子或大衣，我不禁開始思考讓巴納比裸體奔跑是否是個好主意。

看得越多，感受就越強烈。我也發現平常不會注意到的美麗事物，例如有位女士穿著令人驚豔的橙色粗花呢大衣和一大群鳥兒從頭頂飛過時的震撼，我終於開始擁抱各種靈光乍現的美好。除此之外，走在街道上和超市陳列區時，我發現許多逗趣的隱藏圖像。

下列是我覺得十分有趣的發現。

路旁隨處可見的「全球快遞」卡車，我發現隱藏在E和x之間的箭頭。

在超市的零食區，著名的「好時之吻」巧克力包裝上，我找到藏在K和i之間的水滴型巧克

力符號以及墨西哥玉米片「托斯蒂多滋」袋子上有個開心吃著玉米片的人臉。

我知道有些人把Baskin-Robbins稱為「31冰淇淋」，但我從未發現商標中任何關於「31」的概念，直到那天和伊麗莎在萊辛頓大道散步時她一臉驚訝地告訴我在哪裡。

最近我對撲克牌很感興趣，於是花了大量時間研究各種花色，發現隱藏的白色數字「8」時，我驚喜不已。

為了透過不同的練習以便重新看到過去所忽略的，我要求艾莉諾幫我拍一張創意借位照片。一如幾年前我們去義大利時，我幫她拍了張典型的觀光客照片，照片中她似乎正在推比薩斜塔。

於是某個星期天下午，我們母女來到中央公園參觀矗立在大都會藝術博物館後方山上的古埃及方尖碑。我想請她拍張我單手撐起紀念碑的照片。「這好蠢，我真希望沒有這麼多人來中央公園。」在她忙著調整姿勢時我說，同時還得不停讓路給推著嬰兒車和牽著狗狗的人，我接收到許多寬容但充滿好奇的眼神。

「嗯，你看起來確實有點呆。」艾莉諾笑著說。但後來，我聽到她愉快地告訴朋友整個過程和我們即將進行的實驗。

經過那個下午，中央公園對我來說再也不一樣。我去過中央公園無數次，卻從來沒有注意過山丘的坡度、樹木的位置和方尖碑矗立的

方式。現在，我瞭若指掌。與艾莉諾相處的午後，世界煥然一新。

當你看著某個東西，真切地看進靈魂後，它會涅槃重生。

儘管做出相當程度的努力，在某些熟悉和重要的場景我仍顯得粗心。有天走進男裝店準備為杰米買禮物時，我卻愣著不知道該買什麼。「您丈夫穿毛衣嗎？」店員熱心地問。

「嗯……我不是很確定。」我有些尷尬地說。杰米穿毛衣嗎？我知道他「有」毛衣，可以想像毛衣整齊收在衣櫃中的樣子，但是他「穿」嗎？

「他喜歡夾克。」我確定杰米喜歡夾克。他買的東西不多，但他確實喜歡買夾克。

「太棒了！他需要什麼？輕薄的夾克？」店員邊說邊指向商店的一側：「還是要厚實保暖或者防水的呢？」

「問得好。」老實說我不知道杰米喜歡什麼款式的夾克，他每天都穿夾克，我卻不記得任何一件。

回到家時，杰米正在玩填字遊戲。我看著他思忖，他什麼時候改戴電子錶了？而且，對，他不穿毛衣。

杰米抬起頭發現我正盯著他看，疑惑地問：「怎麼了？」「沒事，只是想看看你。」「為什麼？別鬧了。」他笑著說。杰米是我非常重要的人，但我似乎沒有好好關心他。

我必須要改變這種狀況。

凝視臉龐

持續吸收相關知識後，我才明白人類的大腦和五感是建構在與「其他人」互動的基礎上。人類是地球上最具社交性的物種，擁有合作能力是生命得以存續的重要因素。其他人代表安全也代表危險，因此大腦和五感如特務般冷酷地持續蒐集周圍的各種情資。

人，是如此重要，所以我們喜歡凝視人臉。法國藝術家塞尚說過：「藝術的終極目標，是人的面孔。」於是大腦在辨識臉孔上投入巨大力量，不敢馬虎。這種正視是有道理的，因為臉孔能傳達出無數細節。人臉是一個辨識器，我們可以從不同角度識別出成千上百萬個人，這是非常了不起的成就，畢竟人臉的相似程度非常高。同時，人臉也是資訊紀錄儀，賦予人類洞察他人痛苦、快樂、興趣和注意力的能力。

想要描述某個人時，基本上我們會使用臉孔的特徵。我讀過幾篇報導，如果要求三歲的孩子畫人，他們通常會畫出一幅「有腿的臉」——只有頭，而且通常腿直接連至頭部。我決定看看伊麗莎和艾莉諾的兒時畫作是否如此，找出精心保存的美術作品後，我吃驚地發現她們確實都是這樣畫（艾莉諾有加上火柴手臂），看到兩人的塗鴉是如此充滿細節和表現力讓我非常感動。

伊麗莎的畫作

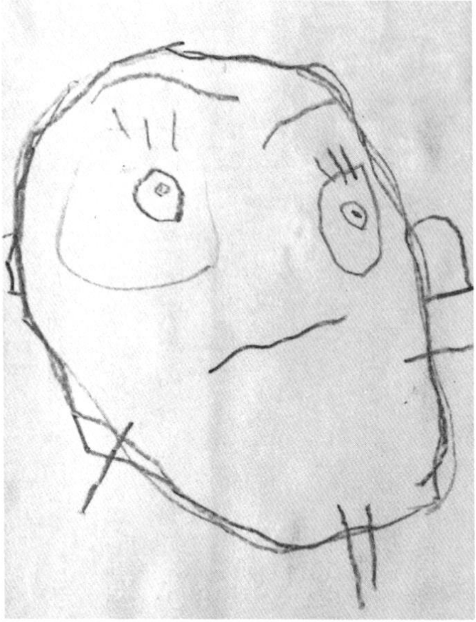

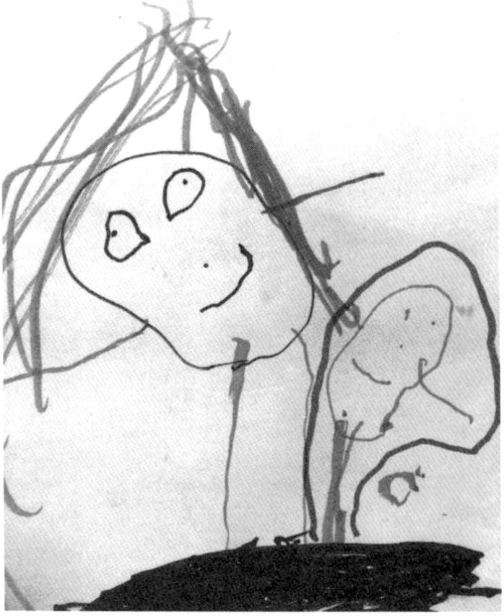

艾莉諾的畫作

任何類似人臉的圖案都可能觸動大腦的「梭狀臉孔腦區」，這是視覺系統中專門識別面孔的部分。人類大腦是如此急切地尋找面孔，以至於有時能在奇特的地方看到臉孔。

這種「空想性錯視」解釋了為什麼有人會看到「月中人」（譯註：歐美常見的民間傳

說，在看月亮時能看到人臉）或在烤乳酪三明治上看到聖母瑪利亞的臉。我也試著在辦公室尋找隱藏的面孔，然後立刻發現這對有著「我的天啊」焦慮表情的小傢伙。

面對某人時，我們習慣注視對方雙眼。雖然通常來說，「臉」代表這個人；但以臉來說，「眼睛」才是這個人的靈魂。眾所周知眼睛能透露身分，因此當需要掩蓋身分訊息時，我們會幫眼睛打馬賽克去識別化。除此之外，眼睛還能展現意識。某些宗教會為圖繪或雕塑的神像舉行「開光點睛儀式」，將已完成的神像畫上眼睛，讓其就此具備神聖性。

目光不但可以提供線索，還可以透露好奇心、暗示某種想法或建立聯繫。最近我和杰米參加聚會，剛進會場我就發現一位杰米會很開心見到的人。我微笑看著杰米，快速瞥了一眼對面房間然後再回頭看向他。杰米隨著我的目光看過去，然後點點頭。沒有一句話，但我們進行了交談。

眼睛還能發出各種信號，不管是準備好說話、仔細聆聽或讓某人發言。就像老

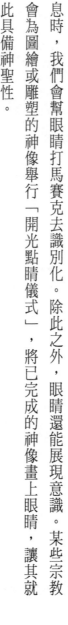

師常跟學生說：「所有人看向我。」眼睛，是攫取注意力的重要功臣。

眼神帶來的回饋如此強大，因此對許多人來說，眼神接觸會引起極大不適。這也解釋為什麼有些名人會避免和他人目光接觸，據傳歌手凱蒂・佩芮、演員朵莉・史貝林和席維斯・史特龍就是如此。

某次參加會議，主持人請大家轉向身旁的陌生人進行十五秒的眼神接觸，並彼此分享參加活動的原因。這個練習帶出來的親密程度讓我非常震驚，平時我不可能跟陌生人有這麼長時間的目光接觸，這十五秒似乎永無止境。（有研究指出，對視約四秒之後大家就會開始感到尷尬）。儘管感到不舒服，這個練習確實帶來明顯的情感連結。

回到家我立刻拉著杰米再次練習，這次撐了三十秒。雖然過程中依舊感覺不適，但能維持這麼長時間的凝視，說明我們不同的關係。

瞭解眼神接觸帶來的巨大影響後，我告訴自己和同事進行視訊會議時也必須做出改變。於是我不再看著螢幕上其他人的眼睛，而是訓練自己看向鏡頭。這樣一來，我看起來就像是在進行眼神交流。不過有點矛盾的是，如果大家都想進行眼神交流，勢必得看向各自的鏡頭，這樣就無法看著螢幕上對方的臉，無疑又削弱了彼此的連結。

眼神，主宰人類的一切。

進行每日訪談及調查

在這次實驗中，我最雄心勃勃的抱負是一年內每天拜訪同個地方。我相信透過周而復始前往同一個地方，並記錄下看到、聽到、聞到、嚐到和觸摸到的所有細節，對堅持不懈的自己和周遭的人事物必定能有截然不同的體會。

對我來說，比起隨興地決定「等想到再做吧」或「過幾天再去吧」，每天固定做某件事容易得多。每日按表操課的歷程會成為建構我日常生活的養分，時刻提醒自己關注感官帶來的驚喜。

研究指出，驚喜會刺激大腦，因此熱衷發掘新鮮事物的人往往更快樂（即使是拜訪新餐廳這種小事）。儘管如此，我始終不認為該輕忽每天做同樣事情帶來的樂趣。美國作家葛楚·史坦的觀點深得我心：「每個人，每天做的每件事，都無比重要和深具意義。」我喜歡重複做一件事，因為在規律的過程中我感到踏實，日子有所依託，行動也充滿意義。

因此我要尋找一個可以每天前往、有趣、寬敞又充滿活力的地點，最後大都會藝術博物館脫穎而出。

矗立在曼哈頓中央公園旁，大都會博物館是世界上最大、參觀人數最多的博物館之一。在足以容納八個足球場的宏偉建築中，大都會博物館收藏大量的繪畫、雕塑和裝飾藝術，以及各種樂器、服裝和盔甲，館藏縱橫五千多年歷史洪流。

我永遠不會忘記大學時第一次參觀大都會博物館的情景，當時我下定決心要親眼看見童年時最喜歡的小說之一，美國知名作家及童書插畫家柯尼斯伯格的巨作——《天使雕像》中所有提到的物品。書中描述住在康乃迪克州的十一歲克勞蒂雅和九歲弟弟傑米離家出走後，藏身在大都會博物館成功生活一周的刺激故事。他們睡在優雅但發霉的十六世紀皇家御用床上，從噴泉池中撿起訪客許願投下的錢幣維持開銷，甚至還解開一個謎團。對兒時的我來說，這對小姐弟的冒險故事非常有魅力又令人興奮，就像是我會做的事。

第一次去大都會博物館時，我迫不及待尋找克勞蒂雅和傑米睡過的床，他們藏學校物品的石棺以及有著和克勞蒂雅相同表情，一臉得意又傲驕的銅貓雕像。當長久以來只存在腦海中的幻想活生生出現在眼前時，我心中那份雀躍之情難以言表。

之後，雖然我就住在離博物館不遠的地方，卻再也沒有獨自前往。話雖如此，如果發現有趣的展覽或朋友從外地來遊玩時，我還是會和家人或朋友一同參觀，但入館後僅止於隨意瀏覽。如果有天搬走，我一定會責備自己為什麼沒有多去拜訪大都會博物館。

在我把計畫告訴大學時期的室友後，她略帶挖苦地說：「好主意，我要提醒自己：先搬到走路可達大都會博物館的地方。」我懂她的意思，能夠執行這個計畫我真的是極其幸運，不僅就住在離博物館不遠的地方，還擁有足夠的時間和自由去參觀。最大的問題是我已經住在這裡很多年了！這些年來，住得近和擁有時間並沒有帶給我參觀的動力，博物館始終在原處靜靜等待，我卻視而不見，但現在開始，一切都將不同。

這個計畫還會帶來另一項好處：增加走路的機會。大腦和每個器官都從運動中受益，走路不但可以提高長期記憶力，更可以增加推理能力、注意力和創造力；靜態的坐著則能集中精力解決疑難雜症。我有許多很棒的寫作想法都是在走路時產生的，所以有個需要運動的五感挑戰是件很棒的事。

實地考察前，我開始著手為大都會計畫擬定相關規則。沒辦法，對規則和計畫的熱愛已刻在基因裡。關於本次實驗我計畫：

- 為了支持博物館，我準備加入會員。儘管我和所有紐約州居民一樣可以免費參觀。
- 只要博物館有開放、我人也在紐約，就會每天前往參觀。
- 參觀時間可長可短。
- 我會探索每個畫廊、樓梯間、走廊、咖啡館和禮品店以及博物館外觀。
- 我會認真欣賞每個展品和細心感受五感帶來的回饋。
- 不設限一切，我可以漫無目的地閒逛，也可以設定完成某個目標。

讀法學院時我花很多時間待在圖書館，那裡的一草一木我都如數家珍。那是我做作業、和朋友發呆、寄放東西，甚至是邂逅杰米的地方（當時我們的座位是背對背）。比起宿舍，圖書館更讓我有家的感覺，我想在大都會博物館裡重現這份溫度。

某天我和朋友享用咖啡並告訴她這個計畫時，她的臉一下子亮了起來：「真是個好主意！如果有空，我很樂意和你一起去。我在高中時期是大都會博物館的暑期實習生，直到現在，只要一有機會我還是想回去看看。」

「對我來說，大都會博物館的館藏和資源看起來取之不盡、用之不竭。」我說：「但我有個疑問，這個計畫預計執行一整年，你認為大都會博物館會被我探索枯竭嗎？」

她搖了搖頭，「不可能，你永遠看不到盡頭。」

這份堅信博物館擁有無垠館藏的承諾讓我激動不已。

我曾以為每天造訪相同地方是個相當獨特的計畫，直到在網上公佈時才發現許多人早已在進行各自的每日訪問，或是正在計畫這樣做——不管是去附近的海灘、馬廄、社區花園或登山步道，甚至是某座城堡。

和所有人一樣，我也認為一年之初是執行新計畫的最佳時機。由於新年假期全家外出旅行的緣故，直到一月四日我才動身前往博物館。那是個明亮、寒冷又清新的日子，我懷著開學第一天的期待和興奮感，踏上大都會博物館的雄偉臺階。

一進大廳，暖和的溫度讓我停下腳步解開棕色的針織圍巾，耳邊同時響起各國遊客購票的喧鬧聲。我曾多次經過這個空間，卻從未抬起頭觀賞宏偉的石灰岩拱門和氣勢恢宏的穹頂。也從未低下頭欣賞由白色和金色大理石鋪設而成的馬賽克地板，這次我忍不住蹲下身用手指觸摸冰涼的地板。博物館大廳每邊有四根柱子，房間中央是八角形的服務臺，和煦的陽光從圓形天窗和巨大窗戶傾瀉而下，讓人眼前一亮。

研究指出，空間設計會影響思維。挑高的天花板讓人在思考上更自由奔放和充滿創意；對稱性設計能強化平衡感和帶來活力；充滿符號、圖像、層次感和有趣的空間則幫助思考。生活在滿是星巴克的街區，大都會博物館的精細設計更顯磅礴、獨特和令人敬畏。

站在大廳，我第一次深刻體會被人群淹沒的感覺。有些人不停翻閱博物館的導覽地圖、有些人專注研究前往不同展廳的指示、有些人三五成群聊天等待朋友出現。此時我驚訝地發現，一座巨大的法老雕像赫然出現在人潮如織的遊客中。就像錯過球員傳球時大搖大擺走過的大猩猩，我也從來沒有注意到這座就在大廳中央、十英尺高的法老雕像。

今天，因為執行五感計畫，我看見它了。這位古老神聖的統治者由墨黑色石塊構成，看起來沉穩冷峻又充滿力量，與人群五顏六色的喧囂形成鮮明對比。除此之外，我還認出代表生命的埃及符號「安卡」，以及鳥與牛的圖像。我想，大都會博物館能教會我更多關於象形文字的知識。

蒐集顏色

時間流轉，日月如梭，我按照計畫每日前往博物館參觀，其中最令我著迷的是各項展品所蘊含的繽紛色彩，例如美國藝術家賀拉斯．皮平（Horace Pippin）的畫作〈湖畔女郎〉中閃閃發光的紅玫瑰和陶瓷花瓶上層次豐富的琥珀色，都讓我凝神佇足。

幾年前我對色彩產生興趣，開始大量閱讀與顏色原理有關的資料。也在那時才發現，原來色彩的文獻數量驚人。

顏色似乎是穩定且客觀的存在，但事實上顏色是忽隱忽現地閃爍著。當眼睛的感光細胞接收到物體折射的光影之後，顏色才進入人體。此時眼睛向大腦發送訊號，大腦再將其解讀為各種迷人的色彩。由此可知，沒有物體、沒有光源、沒有眼睛、沒有大腦，就沒有顏色。但美麗又飄渺的色彩，在我們走出房間或夜幕降臨時就不著痕跡地消失。

儘管難以捕捉，色彩並不是絢麗但無用的存在。彩色視覺的主要功能是幫助人類感知形狀、外觀、質地、深度、動向和輪廓等重要視覺任務。更重要的是，色彩讓每個人獲得洞察力並提供所需資訊和帶來愉悅。

即使看到相同光譜，每種語言形容色彩的詞彙量卻大相逕庭。舉例來說，英語除了有十一種基本色調描述顏色外，包含：藍色、黃色、綠色、紅色、橙色、粉色、紫色和棕色；更有能描述矛盾「無彩色」的詞彙。「無彩」泛指彩色以外、缺乏色度與飽和度的顏色，常見有黑色、白色和灰色。相比之下，巴布亞紐幾內亞的「貝林莫語」（Berinmo）只有五種描述色調的詞彙；玻利維亞的「齊曼內語」（Tsimane）更只有三種。除此之外，每種語言對顏色的命名也略有不同，例如俄語中對「淺藍」和「深藍」就有不同的說法。

雖然人類對色彩著迷，但顏色並沒有帶來傳說中的意義和效果。藍色無法使人平靜、紅色不會讓人精力充沛、把牢房粉漆成粉紅色既沒有減少監獄的暴力事件也無法抑制食慾。是人類，根據親身經歷、文化素質和個人教養，賦予顏色意義。

例如今日在西方世界，粉紅色暗示「女孩」，藍色則代表「男孩」。但在二戰之前，粉紅色是男孩的顏色，因為紅色代表軍隊，軍服多是紅色；淺藍色則與天真、純潔和嬌媚有關，是女孩的顏色。在美國，綠色多與療癒和大自然有關，但在穆斯林世界中，綠色卻與穆罕默德有關，據說這是穆罕默德最喜歡的顏色，因此出現在許多伊斯蘭國家的國旗上。

即使身處相同的文化背景，同種顏色也包含數種涵義。我生活的地方，紅色同時代表愛情與地獄、保護與危險、暴力與歡樂；黑色則被用來製作性感內衣和喪服，樸素又奢華。

儘管色彩無法被定義，卻以非常具體的方式觸動我們。只要看到顏色，我們會立刻產生不同感受，比方說這個顏色讓我感到愉快或不舒服、溫暖或寒冷，還是被撫慰與不安。有位朋友告訴我：「在某個當下看到某種『對的』顏色，我能神奇地感受到色彩帶來的力量和悸動在體內流竄，足以改變我整天的情緒。」我完全明白她的意思。

深冬散步時，大地是由灰、棕、暗淡無光的綠色和蒼白的藍色構成，這是我最不喜歡的顏色組合之一。很難想像再過幾個月，一簇簇嬌豔的黃色水仙花將在翠綠、湛藍和嬌嫩的粉色公園春景中重新綻放。

我想找出在冬季依然能看見絢麗色彩的方法。這些年來，我達成幸福的祕訣之一是「適度地沉溺於奢侈」。雖然聽起來有些膚淺，但購買非必需品有時確實能提高幸福感讓生活更開心。

某次參觀一家辦公用品專賣店時，我發現一套顏色鮮豔又少見的彩繪筆。我非常喜歡彩繪筆，它們就像色環或色票本的實體化，能呈現出顏色最純粹的本質。買下這套筆與我的幸福理念契合，是非常完美且適度的奢侈。當我可以使用橄欖綠、紫紅色、焦糖棕色來書寫時，為什麼還要用無聊的黑色和藍色呢？購買這些筆帶來的快樂就像小時候得到新蠟筆的感覺一樣。

回家後我小心翼翼將它們放進最喜歡的筆筒內，這樣就能每天使用時都看到美麗的顏色。其中獨特的「牛血色」最令我神魂顛倒。我特別鍾愛徘徊在不同顏色邊緣、與不同顏色交織而成的混血色調。牛血色看起來既是紫色，又是棕色和紅色，充滿神祕的高貴感。擁有漂亮的文具讓枯燥的工作變成樂趣，每次握著精緻的彩繪筆時，我都覺得很幸福。

同時，我也開始注意大家是如何為外表添加色彩來表達日常中的個人風格。在擁擠的機場等候區，一位看似穩重，身穿優雅鐵灰色毛衣和黑色長褲的男子，卻配了雙鮮黃色襪子。他身旁女伴的衣著配色是我最喜歡的組合之一，櫻桃紅色的項鍊搭配深栗色襯衫，讓她顯得非常出眾。

我知道很多人喜歡塗指甲油，這是為日常生活增添色彩最簡單的方式。我沒有塗指甲油的習慣，艾莉諾恰恰相反，她不但喜歡塗指甲油，還喜歡頻繁變換顏色。於是我去藥妝店購物時，特意為她選了兩種充滿魅力的顏色——洋紅和森林綠。

當我發現原來色彩就藏在生活中的每個細節，原來我們擁有這麼多迷人的顏色而自己卻渾然不覺時，我決定要從顏色中，創造出一些東西。

我對用眾多同一色調物件組合而成的作品情有獨鍾，幾年前我看到一張由美國藝術家波西亞・曼森（Portia Munson）執行的「粉紅計畫」照片。那是一張將成千上萬的粉色物品整齊擺放在桌上後，利用單一色彩形成巨大視覺衝擊的作品，我永遠不會忘記那張照片帶給我的震撼。曼森的作品讓我想起法國時尚專欄作家黛安娜・佛里蘭在《哈潑時尚》專欄中提出的構思：

我們為什麼不用各種綠色來佈置一個房間呢？當然，這需要花上幾個月、甚至幾年，但成果一定讓人相當愉悅。一間混合著綠色植物、綠色玻璃、綠色瓷器和綠色家具的房間。一間被悲傷的綠色、快樂的綠色、透明的綠色、褪色的綠色和有毒的綠色緊緊包圍的房間。

曼森的作品和佛里蘭的話鼓舞了我，決定打造一個屬於自己的單色系物品收藏計畫。這個計畫主要有兩個原因吸引我。首先，我喜歡「狩獵」，喜歡獵捕時那段扣人心弦的過程。小時候，我經常低頭尋找掉在地上的零錢，這就像在玩解字謎遊戲，你必須來回仔細地檢視和搜尋，長大後，我依舊熱衷在浩瀚的圖書館書架上尋覓喜愛的作品。說實話，我一直沒有其他機會可以享受這股對狩獵的熱愛，現在機會來了。

除此之外，我還想經由集合同色系物品創造更宏觀的色彩世界。有些朋友告訴我，他們會按照書背的顏色擺放書籍，這讓書櫃上呈現出來的顏色區塊看起來非常驚豔。當物品共用一種顏色時，沒有衝突，只有美。

但要什麼顏色呢？

我詢問其他人：「你有代表自己的顏色嗎？」他們熱情的回應讓我驚訝。原來，大家對顏色充滿激情。雖然我沒有辦法定下一個能代表我的顏色（只能透過「色譜」上的分類來勉強回答），但我可以挑選某種顏色來收集。最終，我決定選擇一種既深沉熱烈又奢華優雅的紅色，它很受歡迎但又沒那麼大眾化，常讓人有種豪奢感，同時還有個美麗的名字：猩紅色。

我開始一步步尋找並持行「猩紅色計畫」，甚至拿出從未使用過的結婚禮物——一個大玻璃碗準備收納各種猩紅色物品。平常我和艾莉諾會進行所謂的課後冒險，說實話這種冒險通常並不刺激，我們可能只是去參觀博物館或特別的商店。我知道她最近對這項活動有些意興闌珊，但對我來說很重要，因為這段時間只屬於我們母女倆，沒有任何煩心的事或額外需要完成的工作。另一方面，我認為這種出遊應該是有趣與好玩，而不是義務。

於是發現艾莉諾這一陣子非常熱衷去逛舊貨店時，我向她提出建議：「嘿，關於我們的每周冒險，你覺得我們改成尋找和參觀不同的舊貨店怎麼樣？你知道我正在進行猩紅色計畫，這樣一來，我們還可以順便尋找猩紅色物品放到我的收藏中。」

「我覺得這樣很棒！」艾莉諾興奮地說：「這會非常有趣。」

於是下一周，我倆就興致勃勃地拜訪了第一家舊貨店，店裡的東西琳琅滿目，其中有一組看起來非常有質感、做成烹飪書造型的漂亮白色陶瓷鹽罐和胡椒罐，以及另一套有著老式鼻煙壺和絲帶圖案的盤子讓我著迷，但這裡沒有我要的猩紅色。在我感到有些遺憾的瞬間，我忽然意識到，自己正在為尋覓某種特定物品努力而不只是閒逛時，這就已經讓整個過程更饒富意義與滋味。

這時艾莉諾從另一頭匆匆跑來展示她找到的東西。「這個你覺得怎麼樣？它是猩紅色的。」她興沖沖地拿起一臺亮紅色的小塑膠消防車。

「看起來很完美，」我笑著說：「多少錢？」

她翻過來，找到了價格：「一美元。」

「成交。」

經過無數次尋覓，我的收藏品逐漸增加，這讓我善於收集零碎東西的本能得到滿足。說實話，尋找這些物品比我想像中困難，但找到時的成就感讓我陶醉。我很享受這個虛擬的狩獵過程，多少彌補了我內心深處的缺憾。

我知道將這些物品分開來看，它們一點都不有趣，甚至有些無聊。但是將它們合在一起、用更宏觀的視野看待時，這些物品僅僅因為有著相同的顏色就能神奇地引人注目。

猩紅色計畫讓我「看」得更認真，在狩獵顏色的過程中，我察覺自己開始以不同於以往的方式看待事物。每次發現「我的」顏色時，總有一種找到同類的快感和認同感。在咖啡館看到一位男士圍著精緻的猩紅色圍巾時，我激動地有股想上前稱讚他的衝動。又或者是某個白雪皚皚的中央公園清晨，看到一隻從天空飛過的紅雀就讓我興奮不已。紅雀漂亮的紅色羽毛在銀白的風景中閃閃發光，劃出美麗的弧線。我佇足欣賞這隻紅雀帶來的美，也感動自己終於懂得善用視覺享受世界上所有美好的存在。但我倏地想到，紅雀在雪地中的顏色對比是最老套的視覺饗宴之一，而這是我多年第一次注意到的紅雀。看來，我還有很長的路要走。

最重要的是，這些歷程讓我和艾莉諾的關係變得親密。如果將這段時光拆開來看，我們微不足道的母女冒險片段很容易就被時間的洪流覆蓋且遺忘，但如果將過程與我對猩紅色的尋覓任務聯繫起來，這些相處時光就有其特殊之處，讓我能夠更生動地記住，成為生命的記憶。同時，這段過程也讓我們共處的時間是有意義的，我在尋找猩紅色物品，她則是尋找喜歡的衣著，我們都非常享受彼此的陪伴。

沉浸在視覺中

學習觀察萬物時，我有種想用壯闊或絕美景象與視覺碰撞，看能產生何種火花的衝動，不管是在大都會博物館、舊貨店或任何地方都可以。看著市面上充斥各種宣傳「沉浸式」體驗的活動，顯然我不是唯一渴望接觸極端感官體驗的人。

一天下午我前往市中心三十六號碼頭參觀廣受世界各地好評的巡迴展覽——「梵谷沉浸式數位互動藝術展」，一路上我必須不斷確認展出資訊確保抵達正確地點，因為附近還有另一個名為「梵谷沉浸式體驗」的展覽也在展出。

剪票後我走進三個空曠但互相連接的大房間，屋內將兩層樓高的梵谷作品透過大螢幕投影，持續在每面牆和地板上播放。偌大的房間裡只有一些椅子和巨大的銀色球狀雕像，光影將影像以有趣的方式倒映在牆上。我必須承認，這個展覽呈現出的整體效果令人震撼。

我盤坐在地上，看著精選的梵谷畫作透過投射在空間中浮現、漂浮，然後消散。我彷彿身處二次元世界：彩繪蠟燭的火焰燃燒著、昆蟲的翅膀在閃動、雲和水不停流動、萬千花朵綻放盛開、橄欖樹突然出現在視線中又逐漸消失。

將一切放大的呈現方式確實改變我觀賞梵谷作品的體驗，這讓他特有的筆觸更容易被看見但同時也顯得扁平無力，像擀麵棍下一片軟爛的麵團。

這種身臨其境的感覺主要來自投影的大小和重複性。貫穿全場的音樂扮演了非常重要的角色，因為它不僅強化了畫作的情感表達，又因現場不利交談而讓觀眾更專注在作品本身。

我瞭解這類體驗帶來的非凡吸引力，也明白策展者期盼世人以更發人深省和非傳統的方式來欣賞畫家的作品。展覽本身完全是視覺導向的，因此不受年齡和參觀時間限制，更不需要事前準備或具備專業知識（或是必須對藝術有興趣）。這是一次近乎純粹的體驗，一場視覺盛宴。

雖然這類展覽幫助觀眾以全新的視覺強度重新審視梵谷作品，但我在意的是，這樣的視覺震撼是否弄巧成拙，讓大眾開始渴望閃爍和流動的聲光效果，而忽略了作品本身。（這是普遍的憂慮，擔心將個人感覺放大的技術會破壞最原始欣賞畫作的感受。）以我而言，欣賞完這個展覽再回想大都會博物館裡展出的梵谷作品時，兩者間強烈的對比會讓館藏的畫作在我腦海中顯得更小、更靜態也更樸素。我既想利用新技術更深入地探索感覺，卻又不希望被科技支配或粗暴地對待感官。

下一次參觀大都會博物館時，我再次前往梵谷畫作的展廳研究最喜歡的那幅

〈戴草帽的自畫像〉。當「沉浸式梵谷展覽」的影像充塞高聳的牆面時，博物館裡的這幅畫只有兩個麥片盒那麼大。那一刻我茅塞頓開，縱然巨大又迷幻的投影讓我注意到從前忽略的筆觸、顏色配置和小細節，但它永遠無法取代，站在畫作前欣賞真實作品帶來的怦然心動。

學會去看

幾周後當我走進位於九十六街的新第二大道地鐵站時，我不由自主停下腳步盯著瓷磚牆上的藍白壁畫出神。壁畫描繪的是無數張白色紙片在藍色大地上隨風起舞的景象，畫面帶來的活力與無限可能讓我每次經過都深受感動。

之後在一次偶然的機會，我認識了創作這件作品的藝術家莎拉．斯澤。其實我們在大學時就認識，但畢業多年後得知雙方女兒同班讀五年級時才再度聯繫上。看到她創作的巨大裝置藝術時，我突然想著：「我應該和莎拉談談，她或許能在如何看得更清楚上改善我的盲點。」莎拉對這個主題很感興趣，於是某個周一下午，我們在大都會博物館的大廳碰面。聊了幾分鐘後，莎拉說：「我對某些展品有不同的觀點，你應該會覺得很有趣。」

「沒問題，我們走吧。這真是太棒了。」

我們沿著樓梯進入巴洛克時期的肖像展區，停在義大利早期巴洛克畫家博吉安尼（Orazio Borgianni）的〈帶著調色板和畫布的自畫像〉前。畫中的藝術家坐著，手托著下巴，前方擺著他的調色板。

「這幅畫，」莎拉說，「透露出很多關於『看』這個行為。」

「怎麼說？」我問。

「你看，畫家在畫自畫像。」她回答：「他看的是鏡中的自己，即使眼神離開鏡子，他還是在看自己，而不是我們。所以我們永遠看不到他的正面，只有背面。」

接下來她指了指畫布右上角的黑色區塊，我現在才注意到，那是代表尚未完成作品的印記。「你知道嗎？此時此刻我們正看著他，拿著畫筆，沾著創作出這幅畫作的所有顏料。」莎拉接著說。此刻，深深的滿足感油然而生，我終於看到這幅畫的豐富內涵。

「這是一次跨越時間的對話。」莎拉說。

走進另一個展間，我詢問莎拉該如何更好地使用雙眼去觀察。她提供許多建議，例如：用手拿的小鏡子觀賞藝術品，看它如何改變大小和反轉；印出一張圖片，放在不同環境下試著瞇起眼睛看，這樣能使細節消失得到更大的構圖與結構；或是舉起一隻手，遮住作品的某部分，看這樣的缺陷如何影響整體。

走著走著，法國巴洛克時代畫家拉圖爾（Georges de La Tour）的〈懺悔的抹大拉馬利亞〉作品引起莎拉的注意。「這幅畫有太多地方讓人身陷黑暗，那股壓抑和沉默。」她站在畫作面前，凝視著。

我看過這幅畫很多次，但莎拉指出我從未注意到的地方，原來抹大拉馬利亞一頭散開的秀髮長及腰間，以及畫家如何僅憑一根蠟燭的微光照亮她蒼白的裸頸。以前看這幅畫，我知道棄置在桌子和地板上的珠寶象徵抹大拉馬利亞所拒絕的世俗慾望，但我並沒有意識到，將觀者的注意力集中在脖子上或許是拉圖爾試著引領我們見證抹大拉馬利亞懺悔、放棄一切的時刻。

離開巴洛克展區穿過畫廊時，莎拉的目光停在某個物品上，她靠過去凝神細望，我則是努力記下她說的話。

「顏色的相互關係很微妙，每種顏色在視覺上都會改變其他顏色。」

「我們必須注意留白的地方。」

「比例和尺寸的轉變很重要，這是我從亞洲風景畫中學到的重點。」

「創作一幅畫時，從哪裡下筆和在哪裡結束非常重要。」

「對於藝術，大家總想創造出意想不到的作品，有時逼觀看者去看特定的事物反而有助於大家停下腳步仔細看。」

走過現代和當代藝術展區的夾層時，我指著非裔美籍藝術家馬歇爾（Kerry James Marshall）的〈無題（工作室）〉告訴莎拉，「我非常喜歡這幅畫。」

「這幅畫的確很棒。」她說。我們在作品前停下來，這幅畫主要是描繪藝術家的工作室，裡面擠滿人和擺滿各種畫布，中間還有個工作臺凌亂地散落著畫筆、顏料罐、花瓶和一顆骷髏頭骨。「藝術家在創作這幅畫時，著重的是『看』這個行為的總合。」她接著指出我看過卻從未考慮到的細節。「畫中充滿工作室的日常工作情況，有背景、燈光、畫布和等待的裸體模特兒。」

我們在那裡站得越久，莎拉指出的細節就越多。「骷髏頭骨是非常傳統的藝術主題，但你有注意到嗎?它有眼珠！」

「真的！」我驚呼。沒有什麼比頭骨中凸出的眼珠，更能象徵「視覺」了。

「你再看畫布和背景的陰影，紅色代表它們的關係，馬歇爾是在畫空氣。」莎拉欽佩地補充道：「這很難畫呢。」

我們靜靜佇足欣賞這幅越看越讓人著迷的畫，也被畫家展現出的細節和視野澈底折服。

她轉身對我說：「再帶我去看看你喜歡的其他展品吧。」

「沒問題！」我領著莎拉穿過博物館長廊，來到矗立的〈荷魯斯神保護國王內克塔內布二世〉雜砂岩雕像前，我從未仔細欣賞這座雕像的線條。

莎拉說：「我喜歡這座雕塑，我來看過很多次。」

我很開心得到莎拉的認同。「你為什麼喜歡它？」

「它放在這個展間相當醒目，而且高度剛剛好。作為人類，我們望出去的視野基本上是眼睛的高度，神則是高高在上俯視眾生。但是你看，在這座雕像中，法老被安放在荷魯斯的雙腳之間。」

「對。」我想起她先前談到創作時注意比例和尺寸的事。

「自古以來，法老被塑造成比其他人巨大的既定印象，這個微型法老反而顯示出神的威嚴。」

「再看看它是如此沉靜、對稱無瑕又悄無聲息地聳立著。」我們就這樣一動不動地站著，看著。

博物館即將閉館，但我忍不住指著另一件也十分喜愛的展品給莎拉看，那是個紅褐色的小圓碗，長有一雙結實的小光腳。碗有點向前傾斜，彷彿是有禮貌地在提供自己所盛裝的食物。

「我很喜歡這個小碗，它太有個性了。」我說。

「這個作品非常棒！」莎拉回答，「顯示出每個世代的人是如何透過時間連結在一起的。你看到這個作品，創作它的人也同時看見你。那個人認為這個小東西很幽默，你也這麼認為。」

「你認為藝術家在創作時也覺得幽默嗎？」我問莎拉：「用現代藝術的眼光來看我覺得它很有趣，但這可能並不是藝術家的本意。」

莎拉自信地說：「哦，親愛的，看它腳的擺放方式，我敢說這就是個試圖引人發噱的作品。而且它是在——大約西元前三千七百年製造。」她檢查標籤後說。

最後我們拜訪〈破內布之墓〉（Perneb's Tomb，破內布是當時一位高官），這是座從埃及運來的真實古墓，我曾多次經過但都興趣缺缺。

「我非常喜歡這個展區，」莎拉說：「將繪畫、雕塑和建築完美融合在一起。」莎拉談論時，我開始認真研究巨大石柱上的莊嚴線條和牆壁上象形文字的細節。

「所有的藝術其實都跟死亡有關，」莎拉說，「但不全然是以悲傷的方式呈現。就像此時此刻你和我站在一座墳墓前，但其實整個博物館就是一座墳墓。站在這裡，僅是此刻我們在地球上，還活著的證據。」

「所有的藝術其實都跟死亡有關，但不全然是以悲傷的方式呈現。」我會好好思索這個概念。

此時警衛打斷我們，「博物館要關門了。」他指著身後說，「出口在後方。」

沒關係，明天再來。

塑造看到的一切

有位同事送給杰米一大盆蘭花聊表感謝之情。我將它放在前門的櫃子上，每次經過時都會忍不住停下來看看。蘭花寬大的花瓣閃耀著深淺不一的紫色圖樣，並伴隨白色條紋，明亮的黃橙色蕊柱與綠色葉子相映成趣。精緻的顏色配置像極了日本和服令人驚嘆的顏色組合，迷人到讓我無法移開雙眼。

一盆簡單的植栽就能為公寓增添美感和改變心情，我不禁開始思考還可以做哪些簡單的努力來營造更棒的感官體驗。我想到可以從兩方面來實現：增添美好物品如蘭花，和除去礙眼的物品。

首先，我必須增加令人愉悅的風景。但有個很大的問題，我是個非常理性的消費者，為什麼要買花？花朵只會枯萎和死亡。為什麼要點充滿情調的蠟燭？蠟燭燃燒殆盡後只剩空虛。但現在不同，我開始鼓勵自己適度購買非必需品來增加美感。例如，為了取代一直用來放置辦公室雜物的普通紙箱，我購入一個好看又堅固的大容量收納盒，上面有著賞心悅目的白、金色交織圖樣，放在架子上之後讓辦公室看起來更漂亮。

其實很多時候我並不需要購買新東西來增加美感，我需要的只是小小的改變和用心。例如，我不再直接把整袋柑橘丟在廚房桌上，而是先把柑橘放在玻璃碗裡，再把碗放到桌子中央——嗯，好多了。

尋找美好的同時，我也發現許多過去視而不見的凌亂。有趣的是，將雜亂無章整理至井井有條的過程，比增加令人愉快的事物更令我精神振奮。

多年前我就知道身處有條不紊的環境能幫自己保持內心的平靜，因此確保次序分明、沒有雜物是我的最高收納準則。但開始執行五感計畫後，我才發現家中滿是被我堆積在各處的待閱讀書籍。

我下定決心要消除這些礙眼的東西。最簡單的辦法是把書移到看不見的地方，但該放去哪？

在公寓轉了一圈，我發現可以利用辦公室門口的金屬收納架。經過一番努力我從櫥櫃中清出大件物品，騰出空間後將收納架搬進去並把書整齊地水平堆疊。書本在櫃子裡看起來很棒，其他房間沒有雜亂的書也更顯完美。

杰米下班回來後，先停下腳步、慢慢轉了一圈看著周圍：「家裡看起來很不錯，你做了什麼？」

「我把書都整理好了，一切就定位。」

「的確。那些書之前會擋住窗戶光線。」他說，「現在感覺很不同。」

這項新的整理同時解決了兩個惱人的問題。首先，我挪開礙眼的書堆後，房間立刻顯得更加開闊和舒適。再來，曾經被我打入冷宮的書籍現在顯得很誘人，我三不五時就想去找本書來讀。

受到這次成功經驗的鼓舞，我想尋求另一場快速的勝利。整理手機是個好主意，我的手機螢幕總是毫無章法地散落著各種應用程式。每天看著雜亂無章的介面數十次確實有點惱人，我決定花幾分鐘來整理。第一步是刪除不常使用的應用程式並創建新資料夾，如「旅行」、「照片」和「影片」等，最後再將常用的程式移至主螢幕。

解決心頭大患，完美。

整理完後我坐了一會兒，看著手機發呆，我很想把與五感脫節的原因歸咎於它。因為比起任何東西，這個小小的電子設備卻擁有讓我抽離真實生活和分心的能力，各種令人眼花繚亂的彩色照片、動人的故事和接收不完的資訊都讓人上癮。

我曾經親眼見過手機帶來的危害。有天在繁忙街道上，一位男子邊走邊盯著手機出神，我看著他走下人行道臺階後逕自往熙攘的三線道車流中走去，儘管我和其他人試圖大吼大叫引起他的注意，他依然繼續向前走直到一輛車猛然停住、發出刺耳的煞車聲時，他才一臉茫然地抬起頭來。這彷彿災難電影般的畫面讓我緊張到差點吐出來，但那人只停了一會兒就默默走回人行道上，繼續低頭看著手機。

我沒有像他那樣驚心動魄的經歷（至少目前還沒有），卻也經常被手機綁架。大家總是擔心新科技帶來的負面影響：寫作讓記憶鈍化、電燈會毀掉視力、飛馳的火車會損害大腦等。我身處的時代則是擔心智慧型手機、電子郵件、社交媒體、電玩遊戲和網路帶來的影響。即使如此，消費者依然被新奇的玩意制約，因為每次問世的產品都花招百出，讓人無法招架。

與科技共存是必然的趨勢，重要的課題是我必須學會掌握和平衡自己的使用習慣。在這場與手機的戰爭中，為了奪回主控權，我決定將螢幕畫面由彩色改為僅由黑色、白色和灰色組成的灰階模式。我思忖，當螢幕變得灰暗再也沒有喧鬧顏色的誘惑時，我應該能戒斷手機。

我的預測很快就成真了。自從螢幕改成灰階後，我變得很少使用手機，因為黑色和白色帶給我的感覺更偏向「實用性」，而不是「趣味性」，自己的照片和社群媒體的吸引力也大打折扣。至於沒有顏色也帶來了衝擊，除了我需要更努力在螢幕上尋找所需的應用程式，瀏覽網頁時也很難找到具體的網址連結。因此我只用手機處理特定任務，例如檢查電子郵件或回覆訊息等。處理完後，我就會放下手機，而不像從前會馬上點開應用程式瀏覽。

更讓人驚訝的是，幾天後我發現周遭的顏色變得明亮，顯然長時間盯著手機上鮮豔又過度生動的影像讓真實世界顯得黯淡晦澀。此刻，我想起莎拉說的話：「顏色的相互關係很微妙，每種顏色在視覺上都會改變其他顏色。」

「你的手機怎麼了？」一位朋友偶然從我身旁瞥見後問。

「我把螢幕改成灰階模式。」

「可以借我看看嗎？」她研究我的手機螢幕後說，「你真的喜歡這樣嗎？好醜。」

「這正是我想要的效果。這種像是盯著黑白電視看的效果可以幫我更快速戒掉它。」

「我也應該試試。」她說，把手機還給我。「很難設定嗎？」

「非常簡單。」我立刻拿起手機教她如何設定。「而且你家有小孩子，灰階模式可以讓手機變得不那麼有趣。」

「你真是個天才。」

使用了幾天的灰階模式之後，我把手機換回全彩畫面。哇嗚！眼前一亮。色彩無疑是替智慧型手機增添美好視覺體驗的重要功臣之一，我由衷感嘆著。眾所周知，剝奪是喚醒某種沉睡知覺有效的方法之一，越少接觸某樣東西，天性讓我們更渴望擁有。

整體來說我偏愛全彩螢幕但這並不影響計畫，因為我能隨時變更螢幕設定。沒辦法，閃著鮮豔光芒的手機實在太迷人。

我從這次實驗學到最重要的一課是，與其被動地接受生活給與的每片風景，不如積極創造自己喜愛的感官環境。多一點美好事物，少一點礙眼桎梏。

看得更清楚

冬日漸遠，我的五感實驗逐漸產生效果。我注意到更多事物，世界顯得更通透。

和朋友喝咖啡時，我學會欣賞她復古的穿衣風格。化妝時發現未曾注意過的粉紅色粉餅是多麼耀眼，以及深色睫毛膏是如何突顯我不算濃郁的睫毛。在家看到與艾莉諾一起收集的猩紅色物品在專屬的玻璃碗中閃閃發光時，我感到心愜意滿。除此之外我也花更多心思在杰米身上，比如微笑看著他每天早上穿好衣服後的例行動作（即便已看過無數次），他會站在鏡子前將肩膀擺正，然後輕拍幾下胸口，彷彿在說：「好了，準備行動。」

也許有人好奇我跟杰米每天都見面，為什麼還要特別花時間去關心？答案很簡單，因為我知道有天我會願意付出一切只為能再次凝視他的臉。我不想讓重要的人淡出生活，成為無關緊要的背景。經過這次視覺實驗，我學會更珍惜深愛的一切。

在大都會博物館時，「看」讓我學會注意、學會欣賞。例如剛開始我對古希臘和古羅馬的藝術品並不感興趣，因為這些雕像不是有頭無身就是有身無頭，更不用說眾多無法分辨差異的黑紅色圖樣陶器。然而當我學會細看時，細膩的細節逐漸浮現。首先，那些沒有身體的頭像，其實有著各式各樣精心設計的髮型。根據導覽，頭像的髮型各異，從「濃密捲髮」、「蓬鬆捲髮」、「螺旋狀捲髮」到「蝸牛狀捲髮」都有。博物館對髮型如此專業又時尚分析讓我訝異，直到看到告示牌的說明才解開疑惑，上面解釋能有如此詳盡的介紹是因為古代貴族需要經常改變髮型且有專人記錄存參，因此髮型是確定雕像所屬年代的重要線索。

重新觀察那些相似度極高的古希臘黑紅色圖案陶器，我也發現了差異。重溫舊物，卻獲得意外驚喜。例如某個陶器上的圖騰不是常見的士兵、馬匹或神祇，而是兩位女子擺出令人眼睛一亮的俏皮姿勢。她們一前一後站著，陶醉地聆聽坐在對面琴師的演奏。從圖案中可以看到，後方女子將下巴靠在前方同伴

的肩膀上，這正是我女兒們會擺出的姿勢。活潑嬌俏的人物姿態降低了古老文物的距離感，也正是當我真正停下來看時才發現，世界其實非常有趣。

此外我發現，視覺賦予人類的其中一項超能力是幫助我與更多人產生連結。因為執行這個計畫，我才有機會與艾莉諾一起逛舊貨店並拍了有趣的照片，也才能和老朋友重新參觀大都會博物館。我也終於明白為什麼大家喜歡相約參觀歷史遺跡、自然奇觀、天文館、購物中心或參加賞屋活動，甚至是進行其他視覺冒險。視覺提供的是一種分享方式，將迷人的世界帶入日常對話。

現在，即使我和伊麗莎分隔兩地，我也能透過視覺與她產生連結。我們有個小儀式，只要去大都會博物館，無論如何都會去參觀那幅美麗的中世紀彩繪玻璃窗。看看玻璃窗上我們最喜歡的那頭有牙齒的牛，是如何傻傻地朝著小耶穌燦笑。

只要發現那頭牛的身影我都會立刻拍照傳給伊麗莎。我從不在照片中添加任何文字，只是用圖片告訴她：「我在這裡，我在想你。」她通常會用愛心符號回覆，這種無須文字贅述的圖像交流讓我們更親密。

頻繁到大都會博物館參觀以及重拾對忽視事物的關注開啟了我的無邊想像力。舉例來說，大都會博物館特別重視某些區域的建築和設計，卻忽略樓梯間、洗手間和手扶梯等小地方。這就像是學富五車的作家仔細潤飾書中每一個字後，卻選擇在版權頁直接套用範本。有時我站在樓梯間不禁會想：「這裡應該也要有偉大的事情發生呀，這可是大都會博物館呢！」我天馬行空幻想著如何讓這些邊疆地區變得有趣，比如將一個小提琴盒與書包放在某個角落，等待《天使雕像》小說的死忠粉絲發現。

我已經獲得獨一無二的視覺超能力！我能在環顧四周時讓自己處於一種微妙的狀態，既保持平靜又能點燃無窮創造力。我之前告訴伊莉莎白我想看清世界，不再徘徊於迷霧中時，她有些疑惑地問：「類似某種『步行冥想』或走路禪嗎？」

「我覺得不是。」我歪著頭說：「冥想時，人類對自己的想法是有意為之，但我的重點是讓思維不受束縛，我享受漫步

向前，讓萬千思緒飛揚的時刻。也許你覺得這是冥想，但我知道不是，甚至完全不同。」

「嗯，這聽起來比冥想和靜坐吸引人。」她說：「而且更容易。」

「沒錯，我也這麼認為。」我笑著回答。

恩戈馬鼓

十九世紀
出自非洲維利族或永貝族

· CHAPTER 2 ·

仔細聆聽

水面上的雪，
寂靜是如何帶來喧囂

雪落在水上的聲音：無聲中的寂靜。

——法國小說家朱爾．勒納爾《日記》

HEARING

有天穿著高跟鞋走在大理石地板上，高跟鞋發出的聲響瞬間把我拉回生命中兩段不同時期的記憶。最先浮現的是七歲那年和母親去堪薩斯城史旺森百貨公司購買漆皮皮鞋的回憶。幼時我非常喜歡去史旺森百貨的兒童樓層，那裡有棵色彩斑斕的巨大假樹，其枝枒籠罩在走道上方，非常引人注目。穿上皮鞋後，母親要我起身試走一下是否合腳，我永遠記得，皮鞋在瓷磚地板上發出響亮的喀喀聲讓七歲的我覺得成熟無比。

另一段閃現的記憶是很多年以後的事。那時我正在紐約公寓忙著和母親、妹妹為父親的生日驚喜派對做最後準備工作。我捧著插滿鮮花的花器在屋內來回走動，高跟鞋不斷與地板交織出樂章。此時我聽到四歲的伊麗莎輕聲對保姆說：「我媽咪要開花花派對喔！」我猛然意識到：我也是某人的母親了，我正在準備一個有花的派對。

現在，我又再次聽見那個熟悉的喀喀聲。

聽覺，是支撐人類生存的重要感官。它告訴我們身後發生了什麼、穹頂之上有什麼；在黑暗中甚至在我們出生前，經歷過什麼。

聲音還有振奮人心和平靜緩和的功能，並且能在短短幾秒鐘內改變我們的情緒。比方說，聽覺可以先把我從酣睡中喚醒，然後再重新進入睡眠狀態。最近的一次經歷是，我在睡夢中被巴納比吐在地毯上的聲音驚醒，收拾好殘局後又爬回床上聽著Podcast重新入睡。

隨著更深入的研究，人類聽覺的敏銳度和複雜性讓我大感驚訝。聽覺不但能夠探測到多種聲音來源，還能確定聲音傳來的方向、排除無用的噪音並挑選出我們感興趣的東西。

聽覺的產生主要是由外耳、中耳和內耳將空氣中的振動轉化為信號後，再由大腦進行詮釋。聽力取決於兩個因素：頻率和強度。聲音高低以赫茲為單位，人類正常的聽力頻率範圍大約是從二十赫茲（低沉的隆隆聲）到二萬赫茲（刺耳的尖音）之間。聲音的強度或響度則是以分貝為單位，人耳所能聽見的最小聲音響度為零分貝（樹葉的沙沙聲大約是二十分貝）。如果長期暴露在超過八十五分貝的環境中（如繁忙的城市交通），聽力很有可能受損。人類的耳朵位於兩側，此種結構有助於接收不同的資訊和找到確切的聲音來源。

和許多動物一樣，人類傾向把突然且大聲的聲音視為警告，持續而安靜的聲音視為穩定或不具威脅。就像我們可以輕易分辨出鳥類發現捕食者時發出的警告聲和貓咪舒服呼嚕聲的區別。

聽力也提供寶貴的資訊。某天晚上，當我推開旋轉門進入地鐵站時，耳邊傳來兩個人的爭執聲。我停下來，發現聲音似乎是來自不遠處的轉角。當下，我必須依靠聽覺來判斷這是場危險的衝突還是朋友間的小打小鬧，更重要的是紛爭跟我的距離。耳朵立刻忠誠地回傳一切情報，原來是兩位熱情的尼克隊球迷在不遠處激烈討論賽況。

由於想要更深入地體驗聽力，我上網嘗試了有趣的「虛擬理髮店」（Virtual Barber Shop）遊戲，只需要戴上耳機及閉上眼睛仔細聆聽一切。我被虛擬的剪刀、電動理髮器和不斷有人在頭上移動的逗趣感覺深深吸引。接著，我似乎聽到「施帕音」（Shepard tone）音階，也就是某個聲音持續地上升，但實際上只有八個複雜的音調不斷重複。這種神奇的聽力錯覺，跟視覺錯覺中看著理髮店圓柱招牌中的條紋似乎不斷旋轉上升，或是和欣賞荷蘭版畫大師艾雪（Maurits Cornelis Escher）經典的錯視石版畫〈瀑布〉一樣。

耳朵能幫助我們有效地捕捉各種聲音，但有幾個因素會影響聽力。第一是年齡，整體來說兒童比成年人的聽力更敏銳。隨著年紀增長，人會逐漸聽不見高頻的聲音。第二是語言，那些無法區分 r 和 l 發音的人們，很難聽出「red」和「led」的區別。

正如不同人會把那件「條紋洋裝」看成白金色或黑藍色一樣，聲音在網路上同樣有個瘋傳許久的神祕檔案「洛羅還是葉尼」（Laurel or Yanny）。大約一半聽眾聽到聲音說「Laurel」，另一半聽到的是「Yanny」。我非常確定聽到的是「Laurel」，很難相信有人聽到不一樣的發音。基本上來說，大家之所以產生歧異的主要原因取決於每個人對高低頻率的敏銳度，以及本身對聲學脈絡的研究。

人類不斷透過「觀看」尋找與他人互動和建立連結的機會，因為這是攸關生存的大事，我們也一直在聆聽其他人發出的聲音，大腦有特定的區域會優先選出人類的聲音，甚至只為人聲啟動。從呱呱墜地起，人類就喜歡聽到有如話語的聲音，而有聲的音律在大腦中也能產生更多的活動與刺激。

正如臉孔帶來大量的資訊一樣，聲音也是如此。人類能認出數百種聲音，對熟悉的人更僅需幾個字就能知道是誰，還能聽出心情和健康與否。即使是陌生人，通過簡短的交談與傾聽也能猜出說話者的年齡、健康狀況、教育程度、背景、性格和社會地位等，更可以知道這個人是否疲憊、有沒有酒醉或生病。「嗨，親愛的。」從聽到母親在電話中聲音的這一刻起，我就能分辨出她是想問問題、說說老家的趣聞還是單純想聊天。

人透過聲音與彼此交流，當然也包括笑聲。笑，是一種非語言、透過聲音表達情感的最普遍方式。每個人在學會說話前就已經先學會該怎麼笑。儘管世界各地的人因為不同原因被逗樂，而且來自不同的文化背景和每個人的笑聲有很大的差異，如小豬般的笑聲、咕嚕咕嚕的笑、上氣不接下氣的笑、憋笑或是笑到發出奇怪的吱吱聲，但我們都知道那是開心的表現。

笑聲是社會性的聲音，目的是建立連結、讓更多人聽到並創造參與感。所以相較於獨處，一群人相聚時更容易產生笑容；與朋友在一起，比和陌生人共處時更能展現笑容。

溫暖、共同的笑聲代表愉快的氛圍和希望形成連結的意圖。它能加強彼此的關係、打破緊張和藩籬、讓人感受到包容並一起面對各種挑戰。除此之外笑還是最天然的解藥，不但可以讓人更快樂、更健康，還能強化心臟、肺部和肌肉。更能減輕壓力、保持警惕、提高免疫力和緩解疼痛。

可惜的是，笑聲也成為嘲笑、羞辱和排擠的工具。此時，我們不是和大家一起笑，而是針對某群人發出訕笑。嘲笑同樣屬於社會性的一環，通常來自強迫他人順從或抱有將某人從特定群體中孤立出來的慾望。

笑聲是如此重要，因此當無法提供真實笑聲時，我們便想尋找替代方案。數十年來，電視節目會在特定片段插入預錄好的罐頭笑聲，因為笑聲具有感染性，聽到罐頭笑聲能讓觀眾笑得更開心。如今，我們也找到在智慧型手機上表達無聲笑聲的方法。截至二〇二一年，「笑哭」是世界上最受歡迎的表情符號。除了使用表情符號，我們還會在句子後加上「lol」（laughing out loud，代表大笑）或「哈哈」，並傳送有趣的GIF，安靜地透過不同符號來表達開心。

人類花費許多時間聆聽自己的笑聲、說話聲和歌聲，每個人都以為很瞭解自己的聲線，其實不然。說話時我們是一邊透過耳朵聽到聲音，同時聲帶發出的振動也會藉由頭骨傳遞到腦部，這讓每個人的聲音聽起來豐富又低沉。但是聽到自己的錄音時往往顯得高亢單薄，這就是為什麼許多人不喜歡聽到自己錄下的聲音。

聽覺，如同其他感官，由大腦決定需要知道的資訊。基本上，大腦會排除熟悉的事物，目的是將注意力集中在新事物上。舉例來說，當杰米在我看電視時跟我說話，我能輕鬆忽略螢幕上的對話轉而聽他說話。

儘管知道大腦如何運作，但每次遇到類似情況還是令我驚訝。曾經有位記者到我家進行採訪，錄到一半時她突然停下來，按了暫停鍵說：「我們等結束再錄吧。」

「等什麼結束？」我不解地問。

「警笛聲呀。」她說，「你沒有聽到嗎？」

我靜下來歪著頭聆聽，然後點了點頭。「現在聽到了。」警笛聲在紐約太過普遍，連大腦都懶得提醒我。

「這很有趣。」她說，「紐約的人聽不到警笛聲，洛杉磯的人則是直升機。」開始進行五感實驗前，我知道聽覺是長期被我忽視的感官之一。雖然依賴聽覺，但我並不是特別重視它，不管是莫札特的交響樂、早晨鴿子的叫聲或是碧昂絲的熱門單曲對我來說沒有太大區別。我可能會注意到地鐵裡的爭吵，但說實話我一直沒有努力去塑造舒適的聲音環境。

如果能把聽覺拉到前臺感官區，或許就可以在體驗生活上獲得更多快樂。但如何才能更仔細地傾聽周遭和所愛之人的聲音？如何才能擁抱寂靜之美？我一定能找出辦法。

建立屬於自己的能量音樂庫

如果想藉由聲音為生活帶來改變，音樂似乎是很好的開始。幾世紀以來，音樂始終存在於人類社會並在舞蹈、勞動、軍事演習和宗教儀式等活動中扮演重要角色。儘管世界各地的人使用不同的音階（例如撒哈拉以南的非洲、中東和中國的音樂家創造出許多不同又獨特的音律），我們都知道那些聲音就代表音樂。音樂是人類演化過程非常特殊的現象，它對生存沒有必要卻始終存在，這讓研究人員感到困惑。目前推測的結果或許是音樂與使用語言、需要和他人建立連結或與人類基因中需要尋找配偶建立家庭的本性有關。

科學家或許無法解釋音樂在演化過程中的重要性，但研究證實了一項每個人耳熟能詳的事實：音樂對人類身體、想法和行為有極大的正面影響。比如說，醫療過程中聆聽音樂可以降低病患的心率、血壓和焦慮，更可以減緩疼痛。此外，音樂不僅對病患有幫助，對醫生也是。外科醫生在手術時聆聽音樂可以保持專注和放鬆。研究也顯示，運動中聽音樂可以提高表現並使體力消耗看起來不那麼費勁。

音樂還能改善健康，讓人感覺愉快。大家喜歡談論「性、毒品和搖滾樂」不是沒有原因的，聽到喜歡的歌曲會刺激大腦中的化學物質，這與毒品、性和美食帶來的效果一樣，這也正是音樂能快速提升情緒和緩解壓力的主要原因。

一般來說，大腦會檢視生活中的慣性模式並嘗試創新，這幫助我們做出有用的預測，像是看到閃亮的結冰路面代表可能很滑，此時大腦會送出小心行走的訊息。大腦掌握慣性和提供創新作為的手法，讓我們離不開舒適圈卻又期待新事物，因此聽到熟悉的歌曲、吃到喜愛的零食和觀賞喜歡的影集等熟悉事物出現時，大腦按照慣性游刃有餘地處理，卻也讓我們更深陷安逸的沼澤。然而為了更盡情享受人生，我們還是願意嘗試新事物，新奇的東西雖然費事但有趣，這就是為什麼新型態的音樂、藝術和時尚吸引我們的原因。

音樂多變的曲風和類型讓人著迷。發現新歌時，我們對即將聽見的旋律充滿期待，即使聽完後與期望不同，整個過程依舊讓人興奮。

那麼，究竟是要保有溫暖的熟悉感、還是不懈地尋求創新呢？兩者間的較勁與張力推動了音樂的發展。「披頭四」在六〇年代爆紅時，有些樂迷認為披頭四強烈又重複的節奏過於吵鬧讓人不適，時至今日，同樣的歌曲卻顯得輕鬆有趣。音樂一直在進化，然而人類卻沒有，不管幾歲，我們依然喜歡聽二十多歲或更年輕時聽的音樂，因為那時每個人的音樂品味已經確立。二十五歲是個分界點，在那之後聽的音樂類型我們就很有可能不喜歡，如一九七〇年代末的嘻哈音樂。

雖然音樂是帶給人類快樂古老而普遍的來源，但我從來不聽音樂，不管是和朋友在一起、走路、在車裡或進行日常工作時皆然。當艾莉諾和杰米在廚房播放音樂時，我經常出於本能地將它關掉。我從不參加音樂會、不在洗澡時唱歌也不跟人聊音樂。

最近去醫院做核磁共振檢查，我表示不需要聽音樂，放射師似乎很吃驚。

「真的嗎？」他問，「大多數人都想聽音樂。」

「不，謝謝。」對我來說，更多聲音只會讓過程更加緊張，而不是放鬆。現在，我想好好利用這個能提供強大幸福感的感官，但該從哪裡開始？我應該買《美國經典歌曲》專輯來聽嗎？還是選擇一位歌手，聽完他所有的專輯？或者是去學習彈奏烏克麗麗？最後我從好朋友查克．里德那得到一個出乎意料的答案。查克是《與葛瑞琴．魯賓一起擁抱更快樂的生活》Podcast的執行製片，擁有與各類音樂家合作數十年的豐富經驗。

「你是怎麼進入這一行的？」某天在等待錄音時，我問。

「因為音樂。」查克毫不猶豫地回答。「音樂是我這輩子的最愛，小時候我媽和舅舅經常在廚房裡彈吉他，聲音和樂器相互激盪出的美好音律總讓我心跳加速。」

「難怪你對音樂和聲音如此瞭解。」我接著問，「你有注意到什麼其他人忽略的聲音嗎？」

「有。像是聽Podcast時，我無法忍受主持人或訪談者的聲音忽大忽小。另外，最近有些班機改變飛航路線後會經過我家附近的住宅區，我正在帶頭抗議這種讓人困擾的情況。但神奇的是，有些鄰居根本沒注意到這件事。」

「聲音有讓你更快樂嗎？」

「答案絕對是肯定的。我喜歡在廚房聽音樂，我太太也喜歡音樂，她是歌手還參與過音樂劇演出，我們在煮飯或烤肉時都會放音樂。」

「你對音樂的熱情讓我真希望自己能早點或更懂得欣賞音樂。」我感慨地說，「我的耳朵實在沒什麼音樂天分。」

「雖然你這麼想，但我認為你是有天分的。」查克笑著說，「絕對比你想像中的多，只不過是以你自己的方式進行。」

「真的嗎？怎麼說？」我非常驚訝。

「你在Podcast中講述的許多故事都是對某首歌的強烈反應。」

我對音樂感興趣？我從來沒有這樣想過。但至少這是第一次我沒有貶低自己對音樂的反應，而是試圖去理解它。

查克是對的。音樂確實帶給我強烈的情感。聽到音樂劇《奧克拉荷馬！》中的曲目〈農夫和牛仔〉以及爵士樂天后妮娜．席夢的〈感覺真好〉（Feeling Good）時，我哽咽了。那麼，是什麼讓我對音樂的反應如此不同？

我知道每個人喜好不同，有人喜歡涉獵各種類型的音樂、有人只喜歡聽某位歌手的音樂、有人喜歡聽廣播，有人喜歡聽自己挑選的播放清單。每個人都聽了無數種音樂，卻依然在尋找更新、更有趣的樂章——但我不是。

查克的觀察讓我發現一個真相：我只喜歡聽特定的歌曲。大多數人是以歌手或音樂類型為重點，我則是以歌曲為重點。如果碰巧聽到一首喜歡的歌，我會重複聆聽那首歌，但不會去聽那位歌手或那個類型的其他音樂。

有時在聽到某首歌的瞬間我就會愛上它，只是這並不常見，更多時候我是無意中聽到一首歌，慢慢隨著時間逐漸接受。舉例來說，伊麗莎很喜歡美國創作歌手喬安娜．紐森的作品，有段時間她不停播放〈81〉這首歌。第一次聽到這首歌時，我皺著眉頭問：「這到底是什麼？」我聽到一個空靈、幾乎沒有伴奏，唱著驚人旋律的聲音，我從未聽過如此古怪又甜美的音樂。

「這是喬安娜．紐森的歌，她在彈豎琴。」伊麗莎開始一起唱。

「我不敢相信你會唱這個！」我驚呼，「這音樂太奇怪了，我的大腦無法處理。」

我一直覺得自己對音樂的反應不夠完整，是因為多年來接觸音樂的方式不正確，我把音樂想得太簡單也太侷限，因此忽略去感受音樂的美好。但說實話，欣賞音樂的方式其實沒有所謂的正確或錯誤。我需要的不是改變，而是接受自己是透過歌曲來擁抱音樂。

坦然接受這個事實後，我開始享受音樂。現在聽到喜歡的歌曲，我會立刻加到手機的播放清單。我允許自己，重複享受那首歌。我允許自己，做我自己。

不斷增加的歌曲清單讓我的情緒也跟著起伏，有時我很享受這種感覺，有時則不然。根據研究和日常經驗，聆聽快歌是迅速獲得能量和愉快心情的簡單方法。我決定建立一個「能量音樂庫」，這是個特別的播放清單，其中的歌曲能振奮人心。

為了獲得靈感，我去YouTube聽美國歌手桃莉·芭頓的〈驢夫藍調〉（Mule Skinner Blues），這首歌歡快的節奏讓我非常開心，忍不住想跟著唱「嘿！嘿！」這是能量音樂庫裡的第一首歌，然後我慢慢加入更多歌曲。

將各式各樣歌曲加入音樂庫時，我盡量不去多想「這些選擇是不是揭露或定義了什麼？」也摒棄「別人會不會覺得這首歌一點也不快樂？」或者「這首歌酷嗎？」等擔憂。如果這首歌讓我開心，就毫不猶豫加入播放清單。建立能量音樂庫不但讓我更瞭解自己，也發現另一種確認喜歡事物的新方法。除此之外，音樂庫裡的每首歌都能讓我回憶起愛上它的瞬間，並和過去產生更多連結，眾多美好的記憶如大學時穿著小禮服參加舞會或是幾年前夏天開車去海灘的感覺，歷歷在目。

這些年的生活歷練讓我知道，善待自己非常重要。「對自己好一點」聽起來像是放縱或輕浮的象徵，其實不然。多替自己想、更關心自己後才有餘力要求自己。犒賞，是我們前進的動力並能帶來顯著效果，例如對具有挑戰性的目標堅持不懈、抵抗不健康的誘惑和甩掉芝麻蒜皮的小煩擾等。如果沒有激勵這項元素，生活平淡如一鍋粥，我們非常容易感到疲憊、枯竭和憤怒。

出於這個原因，我不斷尋找獎勵機制，而「能量音樂庫」就是我最新的發明，裡面的每首歌都能刺激大腦分泌多巴胺讓我感到快樂，就像是贏了一場賭注或咬下一口巧克力。更棒的是，我可以隨心所欲沉溺其中。沒錯，我想要獎勵，但我不想有罪惡感的激勵因素。音樂，是一種健康的放縱。

如同先前的尋找猩紅色計畫讓我看到更多細節，能量音樂庫讓我聽得更多和更享受音樂。現在無論是在朋友的公寓、藥妝店或是看電視，我都豎起耳朵仔細聆聽，積極為音樂庫尋找新歌曲。

當查克告訴我：「我認為你是有天分的，不過是以自己獨特的方式進行。」這句話有如醍醐灌頂，我終於懂得以不同的角度重新認識自己。

參加一場音樂會

瞭解自己欣賞音樂的方式是以歌曲為主，而不是以音樂家或音樂類型為中心後，就能解釋為什麼我從未參加音樂會或購買專輯。

如果我只想聽貝多芬A大調第七交響曲，作品92《第二樂章：小快板》的前三分鐘時，為什麼要花幾個小時聽完整部樂章？又或者只想聽〈愛情與你如此相似〉這首歌，為什麼要花錢參加英國搖滾天后凱特．布希（Kate Bush）的整場演唱會？

儘管如此，現場音樂演出依然是享受感官最古老和最流行的方式之一，加上目前對聲音和音樂有嶄新的認識，讓我非常想嘗試去聽一場演唱會或音樂會。但該參加哪種型態的活動？其他人又是如何獲得這些資訊？我應該去體育場、獨立咖啡館還是正式音樂廳？過去大腦判定我對這些訊息不感興趣，所以從未為替我留意。

後來我偶然發現一個有趣的節目，在曼哈頓知名劇院54 Below排滿表演的節目表上，有一檔名為「桑坦不插電」的表演，內容是演奏音樂劇大師史蒂芬．桑坦（Stephen Sondheim）創作的曲目。我從簡介中得知，這檔有著數十年歷史的節目，會由不同的百老匯舞者和卡巴萊表演者（譯註：Cabaret performance，又稱歌廳音樂劇，源自於十九世紀的法國，是一種運用歌曲講述自身故事的劇種。卡巴萊表演不講究華麗服裝和精製佈景，觀眾可以近距離與演出者接觸和對話，自由創作氣氛濃厚），只在鋼琴伴奏下演唱桑坦的曲目。除此之外54 Below劇院也被暱稱是百老匯晚餐劇院，觀眾可以邊進食邊小酌觀看表演。

說實話，我對桑坦的瞭解是一張白紙，他著名的音樂劇如《瘋狂理髮師》、《夥伴們》或《春光滿古城》我都沒有看過。54 Below劇院的節目介紹深深打動了我，當下就立刻購買了兩張票想著要和杰米一同前往。杰米通常是我們之中負責規劃活動的人，所以我很開心這次是自己主動安排這個有趣的夜晚。到了表演當天，杰米說：「不要生氣，但今晚我不能去了。」

「為什麼?!」我問道。

「工作要開天窗了，我需要讓六個人同時在線上討論這個案子，今晚是大家唯一有空的時間，我必須要參加。」

「你確定嗎？」

「對，我很抱歉。」

「這太糟糕了！」我失望地說。「我會很想念你，而且這是卡巴萊座位，代表我要跟其他人一起坐，可能會很尷尬。」

「親愛的，我真的很抱歉。」他邊說邊給我一個擁抱。

幾個小時後我獨自前往，室內擺滿小型桌椅，最前方是一個寬闊的矮舞臺，上面放著一架鋼琴，整體氛圍親切溫暖。

跟著服務生前往座位時發現果然需要共桌，與兩位已坐下的男子分享一張四人桌。出發前為了降低與陌生人同桌的尷尬我還特意帶了本書，但現在這個安排讓我們根本無法禮貌地忽略對方。

「不好意思。」我邊說邊滑進座位，「我的同伴今晚臨時有事不能來，很抱歉打斷你們談話。」

「沒事，不用擔心。」他們同時說著。接著兩位男士表現出非常友善的歡迎舉動，坐在離我較近的那位起身移到中間，這樣一來我們就不再是兩兩相視而坐，而變成三人一組的感覺。

出乎意料，我的新朋友們非常棒。彼得和查理是多年老友，過去曾一起在紐約工作，後來查理和妻子搬到達拉斯，彼得仍住在布魯克林。今晚查理剛好因公前來紐約，加上兩個人都喜歡桑坦，於是相約來觀賞表演。

我們邊吃邊聊，話題從桑坦、五感體驗到舊時的廣播劇和電影。剛吃完飯燈光就暗了下來，主持人上臺介紹今天的開場曲目，五位表演者將演唱一首少數我也知道的歌曲〈星期天〉，來自桑坦的音樂劇代表作之一《星期天與喬治同遊公園》。這首歌非常吻合我目前的狀態，畢竟我是為了完成五感任務才來聽這場音樂會。歌曲是關於新印象派畫家秀拉想在普通的星期日，於公園中捕捉色彩、光線和畫面的故事。

接下來，有位女士拿起麥克風唱〈讓小丑進場〉。我之前向父親提到要來聽這場音樂會時，他說這首歌是他認識桑坦的第一首歌。

趁著表演空檔，主持人介紹了歌曲並提供桑坦和作品的背景故事。老實說，接下來的歌曲我都沒聽過，但我很肯定，如果自己像觀眾席中多數人聽過無數次的《富麗秀》、《小夜曲》和《玫瑰舞后》，熟知每首歌的歌詞和意涵，我一定也能更投入。儘管對曲目不熟悉，我還是很高興參加今晚的音樂會。過程中我一直在想，有沒有哪首歌可以加到我的能量音樂庫？桑坦的歌詞以充滿複雜思想和悅耳音律聞名，所以我格外注意歌詞，這是過去很少發生的事。

由於不是在大型劇院演出，表演者的聲線聽起來更溫柔也更加真情流露。當大家一起聆聽《拜訪森林》中令人深思的〈沒有人是孤獨的〉和《夥伴們》中懊悔又歌頌美好的〈活著〉時，我察覺到觀眾的情緒不斷升溫。主持人提到桑坦本人也曾坐在這裡觀賞表演的故事，「就在那裡！」他戲劇性地指向我，我有種跨越時空和桑坦相視而笑的興奮感。

音樂會歷時約七十五分鐘，我度過非常愉快的一段時光，由於很少參加這類活動，所以我的感覺更加強烈。我喜歡與同桌的兩位男士交談，也喜歡和他們一起聽音樂。最重要的是，今晚體驗到各種的情緒讓我無比興奮，桑坦的音樂僅用了一個晚上就讓我感受到比整整一星期還豐富的感情。

聲波療法

我從桑坦音樂會上學到熱情能帶給人勇於冒險的精神，不管是嘗試網球、園藝、泰國菜還是講義大利語；同時也是激勵我們拜訪新地方和與陌生人交談的動力。

一個人的熱情可以激發旁人的好奇心。我妹妹伊莉莎白很喜歡聲波療法，這是一種沉浸式體驗，讓參與者靜靜聆聽某種聲音帶來的和緩感與療癒感，通常聲音是由鈴鐺、銅鑼和頌缽產生。伊莉莎白告訴我：「聲波療法在洛杉磯很流行，我認為它比按摩更令人放鬆。」

聽她這麼說我也非常想嘗試這種以聲音為中心的感官體驗。巧的是，在得知我最近對開拓聽覺有著濃厚興趣之後，朋友立刻轉發一個聲波療法課程的連結給我。我回覆她，「謝謝！我剛報名，要一起嗎？」

「當然。」她迅速回覆。

幾周後，我前往「熨斗區」（譯註：Flatiron District，曼哈頓街區，得名於知名景點熨斗大廈）與朋友在充滿歷史氣息的紐約攝影展覽館碰面。我們乘坐電梯抵達一間有著磚牆、木質地板、大窗戶的開放式寬敞空間，印入眼簾是投射在布幕上的巨大閃爍蠟燭影像。房間裡有十張瑜伽墊圍繞著一組白色的水晶缽，第一次參加這類活動的我們，選好瑜伽墊之後便坐下等待。

老師簡短說明今天的課程後，開始帶領我們做些簡單的伸展和冥想練習，最後讓大家躺在瑜伽墊上。接著她用一個包裹著仿麂皮的木槌敲擊水晶缽，並在缽的外緣畫圈來發出持續的音律。水晶缽的共振聲波沒有固定模式，但異常清晰及悅耳。現在，我完全能理解為什麼頌缽與冥想有關，頌缽發出的聲波和殘響確實比其他聲音更顯靈性。

我邊聽邊思考雖然也能自己在YouTube上進行聲波療法，但聲波體驗帶來的最大能量是深刻感受「此時此地」。只要稍有閃神，一切倏忽而逝，沒有任何按鍵可以重播或重來。此刻，我聽見空氣振動的聲音，我聽見地板振動的聲音。

是我的五感共同創造了這個感動的瞬間。我仔細聆聽，但睜開眼就能看到螢幕上的燭光影像和老師敲擊著水晶缽。偶爾會聞到地板清潔劑的味道和從窗戶中透進新鮮、寒冷的空氣；還不時感覺到過於擁擠的瑜伽墊和其他人的存在。

但這些騷動的外在感覺很快就消失，時間彷彿靜止。儘管曾經擔心四十分鐘的課程會很漫長，但神奇的是我完全沒有無聊或不耐煩的想法，只有一種彷彿沉入大海深處的寧靜感。

這次頌缽療法讓我體驗到純粹的聽覺樂趣，只需靜靜聆聽，不需抱有任何想法或預設立場，比如「我喜歡這首歌嗎？」「接下來會發生什麼事？」不同於當代音樂，頌缽產生的泛音沒有固定型態，體驗者不必辨別或判斷各種細節。此外，頌缽的目的也不是為了滿足人類對聲音的好奇心，因此過程中亦不用處理頌缽帶來的大量音樂資訊和立刻做出反應。在電腦、智慧型手機和書本時時刻刻都在爭奪人類注意力寶座的情況下，頌缽讓人置身於純粹的聽覺環境，反而讓身體更感踏實。我很高興有機會能和朋友做些新鮮事，這個計畫不僅讓我們有見面的理由，而且還分享了新的感官體驗。

拿起麥克風

人類的耳朵結構非常脆弱導致聽力很容易受到損害。出生時，每個人耳蝸內大約有一萬六千個「毛細胞」負責接收聲音。但毛細胞無法再生，因此毛細胞受到傷害死亡後聽力就會喪失，例如長期處在高分貝的噪音下。

根據報導指出，大約有超過三千七百五十萬的美國成年人聽力有問題，造成原因可能有暴露在高分貝的噪音、遺傳、頭部受傷、疾病、健康狀況不佳、進行藥物治療或者最常見的——年齡（七十五歲以上的長者，幾乎超過一半有聽力困難症狀）。

現今，聽力需要幫助的人有多種高科技技術可以選擇及應用。助聽器能放大聲音並幫助過濾背景雜音，使用者可以自行移入或移出耳道（我很訝異像AirPods這類普通的無線耳塞也可作為助聽器使用）。幾年前，我父親成為七百五十萬名超過六十歲需要佩戴助聽器的美國人之一。他本來以為自己粗大又僵硬的手指會很難拿取這個小東西，但使用後發現很容易操作讓他非常開心。

「戴上助聽器有注意到什麼不一樣的地方嗎？」我問。

「我發覺很多過去從沒注意到的細微聲音，比如翻報紙的沙沙聲和倒咖啡的聲音，還有我把電視音量開得很大。」父親說。

瞭解每個人擁有不同的感受能讓我們表現得更體貼。舉個小例子，一位活動策展者曾經告訴我：「舉辦活動時一定要用麥克風。有時講者會認為自己音量夠大，堅持不要麥克風，但記得務必讓他們使用。」

我說：「我可以理解講者的想法。不用麥克風講話好像更踏實。」

「這是你的想法，但若考量活動的整體性這就不夠周延。」他說。「就算有聽眾說能夠聽到講者不用麥克風的聲音，但這不表示所有人都聽得到。相信我，將聲音放大能帶來很不一樣的效果。」

這段對話過後不久，我受邀在朋友的新書發表會上擔任與談人。我們在觀眾席前的椅子上坐好時，主辦單位詢問：「這裡空間不大，您需要麥克風嗎？還是直接講？」

「你覺得呢？」朋友問我。

「我們需要麥克風，謝謝。」我笑著回答。現在只要有人提供麥克風，我都會欣然接受。

當然，有些人根本不需依賴聲音進行交流。著名的法國女演員艾曼紐・拉柏莉（Emmanuelle Laborit）先天失聰，她回憶七歲時第一次看見其他人使用「美麗且令人著迷」的手語場景：

我無法準確回憶起第一次拜訪令人驚豔的城市「萬塞訥」的細節，因為當時我正敬畏地看著那些快速比劃的手。我只記得看見父親回應阿爾弗雷多的手勢和比爾的脣形時有多驚訝。當時我還不知道，這些人將讓我獲得一種新語言。

讀完名模狄馬科（Nyle DiMarco）的回憶錄《失聰者烏托邦》後，我和伊莉莎白邀請他來上我們的Podcast。他曾贏得《超級名模生死鬥》和《與星共舞》的冠軍，並擔任Netflix實境秀《失聰大學》的執行製片。（《失聰大學》是以加勞德特大學〔Gallaudet University〕中有聽力障礙的學生為主角的實境秀。）

問到他在好萊塢為聽障者奮鬥的過程時，他強調：「我們努力這麼久、創造出這麼多令人驚奇的內容和故事，社會卻只想讓我們變得正常。我們追求的，不過是更多的包容和擁有話語權。」在好萊塢，更多包容意味更多故事，奈爾接著說。

整個採訪過程我們借助多種視覺和聲音技術進行，我和伊莉莎白也在奈爾的手語翻譯協助下與他交流，我們四個人透過螢幕產生連結，訪談結束後也將完整的內容發佈到各大網路串流音樂平臺和YouTube並加上字幕。希望多樣化的呈現方式讓大家能夠自由地依照個人需求和喜好，選擇想要觀看、聆聽還是閱讀。

更仔細聆聽

透過說話進行交流時，如何正確理解語言對聽覺來說是項艱難的任務，因為必須同時處理聽和說。有一則廣為流傳的都市傳說告訴我們：交談時，只有百分之七的內容是透過口語傳達。這個數字並不正確，但不可否認為了理解每個人表達的意思，我們關注的細節確實遠超過言語本身，比如說會注意聲調、說話的速度、音量以及回應他人的快慢。

母親告訴我，她最近和父親在觀賞一檔新的法國節目。「這很有趣，」她補充說，「雖然聽不懂法語但我還是想聽聲音，所以就跟平常一樣打開字幕並調整音量。」

「為什麼？你又聽不懂他們在說什麼。」我好奇地問。

「我也不知道，但總覺得沒聽到聲音就無法理解劇情。」

我決定親身體驗看看，於是選了一齣丹麥的節目並關掉聲音。母親是對的，字幕雖然提供文字，但沒有聲音很難跟上動作。我沒有辦法分辨出這個角色現在是平靜、憤怒還是害怕，也不知道他是認真還是在開玩笑。沒聽到聲音，一切變得困難。

對人類而言，耳朵在處理語言時眼睛也同時發揮重要功用，所以對聽障者來說，視覺是很重要的工具。即使是以聽力正常者的情況來說，交談中也有高達百分之二十的理解是來自觀察說話者的嘴型、牙齒、臉頰、下巴、舌頭和頭部的動作。視覺，不可或缺。

真正的傾聽，力量很強大。如同希臘阿波羅神殿中的箴言：「察覺你聽到的一切。」這聽起來像是《星際大戰》中尤達大師會說的話，況且說起來容易做起來難。就像每次伊麗莎或艾莉諾提出問題時，我常因找不到適合的字句回應而困擾，但後來發現除了「說」，我其實可以透過「傾聽」來回應。

研究發現，孩子提出問題或尋求解決方案時，如果母親採取的策略是傾聽而非直接提供建議或批評，孩子解決問題的能力會明顯提高。相較之下，成年人在尋求解答時，與專注聽你說話的人交談比獨自一人悶頭苦幹更能獲得優質的解決方案。

關於傾聽，我深受「對話恐懼症」困擾，在小團體中我喜歡一對一聊天，因為這種模式無須擔心錯過任何資訊。所以當有人與旁人開啟其他話題時，我會感到沮喪和失落，但這種情況似乎無法避免，一份針對所謂「晚餐聚會問題」的研究表明，當某個聚會有五個人參加時，通常會分成兩個或更多小團體。這個研究讓我鬆了一口氣，決定不再努力把大家拉入同個對話中。

然而作為傾聽者，我面臨一個更大的挑戰：面對不喜歡說話的人，我怎麼樣才能做到更好的傾聽？杰米是個很棒的傾聽者，多數時間都是如此，但我其實希望他能多說一點。

我知道有兩個經典的策略可以讓人願意開口說話，但對杰米都不起作用。一個是提出問題，另一個是請對方談論自己，杰米既不喜歡回答問題也不喜歡談論自己。他每次注意到我的意圖，就會轉移話題或是顧左右而言他，難得遇到他想要認真討論事情的時候，杰米會很突然地開啟話題，接著又快速切換到其他主題或轉頭滑手機。我必須想出策略改變這個狀況。

我告訴自己下一次杰米想要說話時，一定要安靜地傾聽，因為我常在他說話時插嘴發表意見，不讓他把意見說完。除此之外，我還提醒自己要闔上書本、放下手機和暫停電視節目聽他說話。我們的談話如果因為杰米要去處理事情而中斷，比如回覆緊急的訊息，我會耐心等他回來。

仔細觀察我們的相處模式之後，發現杰米儘管看似漫不經心，其實都有用心在聽。在分享事情時他常表現得心不在焉，但事後證明他都有聽進去。我有次分享遇到一位能對他剛起步的企劃案有幫助的人，當下杰米並沒有說什麼，但沒過多久就與對方聯繫。又比如聽到我提及書痴朋友推薦的驚悚小說，他也沒有特別的反應，但幾天後那本書就出現在家裡。瞭解杰米的反應模式有助於調整我的期望，我知道他聽進去了，即使當下沒有回應。

傾聽看起來是項輕鬆的工作，其實非常耗費心力。這些年來的工作經驗讓我明白，進行充滿挑戰的專案時如果能把想法提煉成簡潔的陳述會讓團隊表現更好。於是我寫下各種「宣言」來表達想法，包括「幸福宣言」、「習慣宣言」和「Podcast宣言」等。最新的是「傾聽宣言」，我要仔細聆聽杰米和每個人說的話，具體內容如下：

- 展現專注力：將身體和眼睛轉向對方，放下手中的書或電話，進行寒暄和眼神交流，專注回應對方並做筆記。
- 不要害怕和急著填補沉默。
- 試著用提出問題、重新敘述或總結的方式來展現自己是否理解對話內容。
- 尊重每個人想談論的話題。有人提出某個話題時，大家一起討論；如果有人刻意避開某個話題，除非必要否則就不再提起。
- 不要急著判斷或提供建議。（我經常要求別人閱讀某本書。）

- 收起手機。（研究發現，光是把手機放在桌上就會讓同桌的人感到疏遠且不願意進行有意義的談話。）
- 仔細聆聽弦外之音。
- 不要迴避痛苦的話題。（我經常這樣，有時甚至無意識地抗拒。）
- 讓對方討論並找出自己的解決方案，而不是強行提供我的意見。
- 感到疑惑時，立刻停止對話。

我花了幾周時間調整這份宣言，然後列印出來貼在辦公室的軟木板上，提醒自己隨時記得。

不久後，實踐「傾聽宣言」的機會來臨。艾莉諾很喜歡制定計畫，整個星期六她都在說要來烤巧克力蛋糕。她找到無懈可擊的配方也買好材料，還規劃了時間表，包含何時完成蛋糕及製作蛋糕各階段所需要的時間。

沒想到星期天早上，她睡到很晚才起床，而杰米已經按照她的計畫把蛋糕做好了，這讓艾莉諾非常生氣。我結束工作回到家時，回來過春假的伊麗莎迫不及待告訴我發生的一切。

「我警告過爸了！」伊麗莎幸災樂禍地告訴我。「我說你最好先問她可不可以自己做，但他問都沒問就做了。」

「對，艾莉諾真的很生氣。」杰米承認。「你能和她談談嗎？」

「當然。但你為什麼不等她？」我說。

「我不知道她這麼在乎。」

艾莉諾在房間裡，似乎在生悶氣。「發生什麼事？」我進房後問她。

聽著艾莉諾滔滔不絕地抱怨，我克制想要提出專業見解的衝動。我專心聆聽，同時注意到艾莉諾把頭靠在椅背上，這個姿勢顯示她能完整理解事件緣由，並讓自己慢慢進入比較平靜的狀態。

整個過程中，除了認真聆聽我什麼都沒說，但這比說話難多了。最後，艾莉諾氣消了：「我要去舊貨店逛逛，我需要休息。」在這件事中，「傾聽」對艾莉諾的幫助遠大於我能給出的任何實質建議。

這時杰米探頭進來，再次道歉：「我真的很抱歉。」

「沒事了。」她委婉地說。「但下次，記得要問我。」

「收到。」杰米豎起大拇指後轉身離去，顯然鬆了一口氣。

經歷艾莉諾蛋糕事件後，我突然意識到，「聽」這個詞某種程度上就是「沉默」的變形字義，非常貼切。

進行每日訪談及調查

我依照計畫每天前往大都會博物館參觀，探索五感也變成日常中不可或缺的一部分。不僅是看到的一切，還有聽到、聞到、觸摸甚至是品嘗到的所有細節。我越來越期待這個行程，每次穿過博物館玻璃門時都能不可思議地感到平靜。我總是興致高昂，無論是參觀一個多小時還是十五分鐘，抑或是從某個展廳走到另個展廳的短短路程，因為下一秒可能就有新奇的事物出現，或發現迷人卻未曾注意到的小地方。

這個計畫吸引我的主要原因是大都會博物館的靜謐氛圍。博物館裡沒有人會跟我說話，展廳都很安靜，即使是最擁擠的地方在喧囂之下也有種奇妙的平靜感。我從來沒有聽到奇怪的嗶嗶、砰砰或喊叫聲。

除此之外，每隔一段時間我也會邊聽音樂邊探索大都會博物館，就像電影原聲帶能改變電影的情感調性一樣，我打算透過歌曲扭轉自己在博物館的體驗。某天下午，我步履蹣跚地走進大都會博物館，整個人情緒低落、無精打采，對一切都提不起勁。為了幫自己打氣，我拿出耳機播放歡樂又復古「B-52樂團」的〈漫遊〉反覆聽著——不出所料，這首歌讓我精神一振。另一次參觀時，我聽的是迷幻搖滾樂團「傑佛森飛船」的〈今日〉和英國民謠詩人凱特．史帝文斯的〈萬物皆成白色〉（Into White），這兩首憂鬱的歌曲非常適合沉思。我發現在音樂的陪伴下，自己走得比較慢，欣賞每件作品的時間也會拉長。

不過大部分時間，我還是喜歡安靜地參觀。世界目前的趨勢是讓博物館（包括教堂、餐廳和許多場所）變得更加休閒、喧鬧和放鬆，但我醉心大都會博物館正式、內斂和讓人沉思靜觀的氛圍。每次從大廳陽臺步入刻有佛像的展廳時，從喧譁迴盪的談話聲中瞬間陷入寂靜總能讓我感到分外輕鬆。

我也常去參觀大都會博物館著名的九座噴泉。寧靜、自然的水聲為博物館的聲景增添變化，水波的流動更為靜態的展廳帶來活力。

某天下午，欣賞完來自印度的雕花鏤空窗後，我在館區內的摩洛哥式庭院木凳上坐著休息。我很喜歡這個區域的設計，以幾何形瓷磚和精雕細琢的拱門、柱子與鄰近展區做出區隔，頭頂上的聚光板讓庭院更顯陽光充足。

摩洛哥庭院的中央，明亮和複雜的綠藍色釉面地磚圖案上，放著一個低矮的白色扇貝形石碗噴泉。水在石碗中靜靜流動沒有濺起水花，儘管波動細微，水聲讓整個環境變得更加生動。

真實的水聲非常重要，播放錄音不可能達到同樣效果。潺潺水聲是建構當下五感體驗的一部分，這種經歷永遠無法被復刻。那天午後我沒有拿出手機和任何一本書，只是靜靜地坐著，享受那一刻。沒有任何事能取代聽見水在石碗中產生回音的特殊體驗，也沒有什麼在萬物皆會逝去的強烈感中能取代這一刻，取代對生命的感動。

最初擬訂這項計畫時，我希望享受每天參觀大都會博物館帶來的樂趣，但漸漸發現這其實也是一種壓力，因為必須從日常工作清單上刪除某項任務。如今負擔早已消失，我非常享受去大都會博物館的每一天。

此次計畫和我過去對時間的安排呈現令人振奮的對比。因為這個計畫，我起身走很多路而不再總是坐著。儘管在參觀博物館時保持沉默，但總比一直獨自坐在辦公桌前與他人交談好。我也學會放下腦袋，留意身體帶來的感受，我開始做喜歡的事，而不是思考如何才能最有效地利用時間。

有時為了幫自己集中注意力，我會採用莎拉建議的技巧，舉起手擋住藝術品的一部分，試著瞇起眼睛或者用小鏡子看物品的反射。其他時候我會玩自己發明的「博物館輪盤」遊戲。我買了本厚重、羅列出所有館藏的圖鑑，會隨意翻開一頁閱讀某件展品的介紹之後，起身前往博物館尋找本尊。不過通常，我只是在館內四處閒逛。

不管那天在博物館的收穫如何，只要在博物館內稍作休息和取悅感官後我就能精神百倍地回到辦公桌前繼續努力。我一向具備堅韌、永不放棄的天性，但現在種種繁雜的想法和野心卻讓我感到疲憊和厭倦。五感計畫讓我走出自己，走進世界，對我來說是一種解脫與救贖。

多年來，我試過許多減輕壓力和處理焦慮的方法，包括多做好事、與朋友聊天或每天做十次開合跳等，但這些活動帶來的效果與五感計畫的每日拜訪完全不同。在博物館時我無須再與負面情緒對抗，而是自然地將它們擱置一旁。

有些人從去公園溜達、逛喜歡的書店或參觀新社區獲得這種煥然一新感，就像杰米會把握任何可以去逛超市的機會，他曾經一天內去了三次。就我而言，博物館就是有相同作用的場所。在博物館裡我感到極度平靜，彷彿和自己的某部分重新連結，深陷其中卻又無比自由。

減少噪音

現在不管是在大都會博物館或任何地方，我對聲音的來源與安靜的益處都有更進一步的認識，但覺察程度的提升也帶來一個缺點：對令人不快的噪音更加敏感。

噪音對許多人來說也許只是短暫、無關緊要的小刺激，事實上卻對我們整體的身心健康造成嚴重後果。噪音與高血壓、心臟病、中風、聽力損失、焦慮和憂鬱症有關，也會讓兒童學習遲緩、影響睡眠、增加壓力並易怒。嘈雜的醫院讓病患難以入睡及更慢痊癒。

有些噪音是不分國家的「全民公敵」，最不受歡迎的聲音之一毫無意外是嬰兒哭聲。另一個經典的惱人例子則是指甲刮過黑板時發出的聲音。研究表明，不管幾歲、性別或文化，沒有人喜歡聽到這些聲音。

但可以確定的是，環境和人為控制能影響噪音的煩擾程度。舉例來說，當我帶著筆記型電腦到附近的小圖書館，在非常安靜的空間裡寫作時，光是輕咳聲就讓我分心；然而熱鬧咖啡店裡的談話聲卻能幫助我集中精神。另外，我不討厭自己使用攪拌機時產生的噪音，但杰米在廚房裡敲敲打打就讓我很惱火。

實驗證明突如其來或意想不到的聲音能喚醒或分散注意力，因此許多人會使用人工噪音來掩蓋狗叫或喋喋不休的同事。白噪音、粉紅噪音、棕色噪音和藍色噪音就是以特定的頻率和振幅，提供不同「顏色」的連續信號來影響人類聽覺。

我上網查詢不同顏色噪音代表的意義後發現：白噪音包含所有的可聽頻率，有點像電視的靜電聲；粉紅噪音是一種混合的頻率，其中高頻逐漸減少，聲音接近海浪或下雨的聲音。棕色噪音聲調較低，有一絲隆隆聲，像是強風的聲音；藍色噪音屬於高頻聲音，像水管噴出的嘶嘶水聲。綠色噪音據說是捕捉大自然的聲音，而黑色噪音則是「靜默」。其中，我最喜歡粉紅噪音和大自然的聲音，如「森林中的小雨」和「潺潺小溪聲」。研究證實這些噪音能帶來平靜和放鬆，同時我也發現，不同顏色的噪音還能幫我進入特定的心靈狀態。

我也開始思考有沒有哪些自己希望能夠變得更安靜的吵雜地方？有！餐廳。而且我並不孤單，一份消費者調查顯示，「環境過於吵雜」是客人最主要的抱怨項目。但目前餐飲界的趨勢是讓餐廳變得越來越吵，餐廳不再使用消音效果良好的厚實地毯、窗簾、桌布和毛絨軟墊等老派裝飾，而是改以開放式廚房、石板、不鏽鋼和木材等硬式表面為特色，讓噪音不斷在房間環繞。餐飲界樂於擁抱新趨勢，除了外觀更符合時代潮流、更便宜（硬式表面容易清潔，而且吸音材料相對昂貴），還能提高利潤。研究顯示，吵雜的地方讓用餐者吃得更快，但巨大的噪音也會降低味覺的敏銳度。

我不喜歡吵鬧的餐廳，但每次討論去哪家餐廳吃飯時卻從未考慮過這點，真是大大失策。有天晚上我和朋友約在一家餐廳聚餐，餐廳的食物非常棒，可惜沒有通過「吼叫測驗」。「吼叫測驗」是指如果必須大吼大叫才能聽到彼此的聲音，或者坐在一臂之遙的地方卻聽不到對方的聲音時，就代表這個環境音量過大，可能讓聽力受損。離開餐廳後我如釋重負，暗自發誓下次挑選餐廳時一定要同時將環境和食物品質納入考量。

隨著對聽力的重視，我察覺自己對商店、機場、餐廳，甚至是戶外人行道不斷播放的背景音樂越來越不耐煩。我被迫聽著這些不是自己打開，也無法關掉和調整音量的罐頭聲音。背景音樂的目的通常不是出於取悅聽者，而是想要操縱我們，就像餐廳用響亮、快速的音樂讓人更迅速吃完餐點，超市則選擇播放緩慢的音樂來留住客人，因為待的時間越長，買得越多。

有位朋友想出用歌曲當噪音的妙招。他告訴我：「大學時期，每次聚會結束想叫大家趕快散場，我就會重複播放空中補給樂團的〈與愛絕緣〉這首歌，然後大家就會一哄而散。」同理，某些便利商店和藥局會反覆播放古典樂和美國著名歌手巴瑞·曼尼洛的歌曲，讓大家不敢在店門口徘徊遊蕩。

日常生活中，我可以運用「增添喜歡的聲音」和「消除不喜歡的聲音」兩種方式來塑造愉快的聽覺環境。就像定期清理公寓和辦公室的雜物一樣，雜音也需要定時斷捨離。

降低噪音的第一步，我要求杰米進行視訊時使用耳塞式耳機，這樣我就不用聽到亂七八糟的聲音。再來我把家裡的電話和手機號碼登記在「全國不接受電話推銷名單」，如此可避免接到惱人的促銷電話。最後我把手機調到靜音模式，除了減少干擾還能降低以為自己聽到手機鈴聲或振動的「鈴聲焦慮症」。

杰米的床頭櫃上有個收音機鬧鐘，他不知按到什麼，每天一到中午就開始響個不停。幾個月來只要鬧鐘一響我就過去關掉，最後忍無可忍，決定將整個鬧鈴設定取消。煩人的聲音終於消失，耳朵清靜了。

說到收音機鬧鐘，我還發現多年來我和杰米睡覺時會整晚開著收音機聽新聞，這種持續性的噪音其實對耳朵很不好。有時伊麗莎或艾莉諾也會走進臥室跟我們抱怨：「太吵了，請你們把聲音轉小一點！」於是我說服杰米一起改變收聽習慣，現在我們會以很低的音量收聽Podcast，並使用「睡眠定時器」功能，三十分鐘後節目就會自動關閉。

我一直在尋找降低噪音的方法，某個會議上主持人利用吹口琴讓群眾安靜下來的方式讓我印象深刻——而且他甚至沒有真的吹，只是做個樣子。這比扯開喉嚨大吼大叫更顯莊重，也比用叉子敲打玻璃杯之類更悅耳。

沒想到小小的改變卻帶來令人驚訝的效果。

打開寂靜的大門

在關注聲音的同時，我也試圖留意寂靜帶來的美好。我很喜歡那些接近靜默的聲音，像是壁爐裡灰燼掉落的聲音、貓咪和天鵝高雅、無聲動作，以及剪髮時髮絲落下的細碎聲。我對強調緘默的冥思型宗教團體非常著迷，這股對靜默的追求讓我想起每次接近中央公園時，總會被各種吵鬧聲包圍，不管是繁忙的交通、工程噪音和鼎沸的各式人聲。然而走進公園深處後，噪音神奇地褪去，取而代之是鳥叫和拂過樹林的風聲。這種深藏在城市中的寧靜有種吸引人的特質，像是公共汽車經過、汽車熄火或空調停止後，那片顯得強烈的沉默。

瞭解聲音後我更渴望安靜，因為語言帶給我的壓力已超越臨界點。閱讀相關文獻後得知，每個人一生平均會說五億個字，無論男女每天大約會說一萬六千個字。我好奇自己是否已經超過這個配額，因為經常感到詞窮和吃力，就像烤麵包上抹了太薄的果醬。

有位同是作家和Podcast主持人的同行也有相同感覺，她說：「就好像你知道每天就只能說這麼多話，超過後就會有語塞、啞然的感覺。」

我知道體會靜默最好的方法之一是參加「僻靜營」，於是立刻上網搜尋課程。我想像中的僻靜營是在改裝過的修道院裡舉行，但查詢後發現大多數的課程都與冥想有關。我不需要冥想，我亟需的是安靜和獨處本身。

通常，去陌生地方旅行被視為很棒的冒險，當地的風景、住宿、食物和最重要的「人」能為感官帶來全新體驗。但這次的重點不是冒險，我想要的是寧靜及隨之而來的孤獨感。如果安排得當，我認為在家裡就可以找到想要的安靜和孤獨。

因此我沒有拋下家人去旅行而是留在家裡，杰米則是帶著女兒去和祖父母過周末。這整整三天，我沒有說一個字、沒有聽Podcast或有聲書、沒有看電視也沒有聽音樂。我住在擁擠的紐約，出門就能聽到音樂和人聲，但完全沒有人和我說話。

我非常享受這種感覺。無聲讓我精神煥發，這是從未有過的放鬆方式。安靜的生活很愉快，也讓我意識到長久以來對它的忽視，因為大腦總是忙碌地創造一堆聲音讓我無法靜下心來。我原先刻意要求自己這幾天散步時不聽Podcast，結果一旦開始走路，想聽的念頭就完全消失了。

另外，伴隨無聲而來的各式噪音多到讓我詫異。公寓外有警笛聲、卡車的喇叭聲、摩托車的轟隆聲、狗叫以及汽車呼嘯而過的音樂。公寓內則是電梯的叮噹聲和各種家電發出的喀嚓、叮噹和嗡嗡聲，但這些聲音並不讓我感到困擾。我赫然發現，原來自己追求的不是全然的靜默，而是「人類層面」的無聲。研究顯示，每個人醒著時大約會花三分之一的時間說話或聽別人說話，我想剔除的是這些聲音。

三天的在家僻靜讓我更瞭解自己。以往處於瘋狂的趕稿期時，我經常在清晨四點三十分或五點就起床工作。我一直以為自己早起是想要好好利用神清氣爽的能量，現在發現也許只是希望在家人和城市甦醒前，攫取幾個小時的安靜時光。

我也觀察到一些聲音方面的矛盾現象，極度的安靜彷彿在耳中轟然作響，若安靜中略帶點模糊的噪音，反而讓安靜變得更加溫和和舒服。幾年前的某個夜晚，我在飯店裡睡得正香時，鄰近火車的鳴笛聲把我驚醒。隨著汽笛聲接近，我彷彿回到小時候在大平原上的祖父母家裡蓋著被子睡覺的時刻。那時候我經常在半夜聽到火車的汽笛聲，加上祖父是聯合太平洋鐵路公司的工程師，因此汽笛聲帶給我一股特殊的驕傲感以及和祖父的連結，那是兼具狂野與自由的聲音，帶來安全感和深受保護的感覺。那晚，揉合童年記憶的汽笛聲讓寂靜的飯店房間變得更舒適。

我非常喜歡這次的僻靜體驗，但三天夠了。我很開心聽到開門聲和艾莉諾大喊：「我們回來了！」

打開耳朵，聽見生活，聽見自己

在展開實驗之前，五感中我只期待視覺和嗅覺的部分，對聽覺興趣缺缺。經歷過這段讓聽覺擔綱主角的時光，我終於瞭解聲音對生活的益處，不管是音樂帶來的樂趣、與人交談時語調轉變的神奇、笑聲所散發出的純粹，又或者是無聲的美好。

聽得越多，就想聽得更仔細。現在服用藥錠的時候，我會慢下來欣賞撕開鋁箔片包裝的響聲。還有即便聽過無數次，每次坐在書桌前聽到海鷗的叫聲依然讓我讚嘆。更重要的是，周末的僻靜讓我知道，安靜具有神奇的療效，如果哪天腦內思緒太過紛亂，靜默能撫平我的焦躁並找回平衡。這是聲音帶給人類的另一項超能力。

經過努力，我終於找到屬於自己欣賞音樂的方式也從中獲得樂趣。我不再因為沒有接觸最新單曲或增加音樂知識而愧疚，而是在每次聽到喜歡的歌曲時仔細記下細節，並且加到自己的能量音樂資料庫，不再只是心不在焉地想：「喔，這首歌好聽耶。」這個轉變為長久以來忽視音樂的我帶來意想不到的幸福感，同時也提供一個新身分，我不再自行設限「我不是音樂咖」，而是可以大方表示「我非常喜歡聽歌」。

毫無疑問我從音樂和無聲世界中獲得許多樂趣，但這次實驗最重要的成就是讓我重新與周圍的人產生聯繫。專注傾聽讓我變得更有愛心、更能理解他人和更願意提供幫助。艾莉諾長篇大論地在講不小心被牽扯進朋友之間的紛爭，我沒有如往常打斷她的話並提供建議，而是（大部分時間）給予「那麼你說了什麼」或「聽起來真的很糟糕」等回應。

反思自己從視覺和聽覺實驗中學到什麼時，第一個躍出的念頭是，我更貼近身體，更能與身體進行對話。我是個容易緊張、有點神經質、容易被激怒和經常感到侷促不安的人。焦慮時情況會再嚴重一些，比如說話變得急促和不斷來回踱步，像個笨拙又手足無措的演員。

經過與感官的親密接觸，我終於找到一個健康又能讓自己稍加喘息、遠離日常煩憂的機會。透過凝視白色奶油慢慢滲透進黑咖啡，或是在暴風雪中聆聽鏟雪機在道路上行駛時發出的摩擦聲（我一直很喜歡這個聲音），我可以暫時逃離那些負面情緒。

與數位時代常透過科技綁架思緒帶來的分心不同，五感實驗將注意力一步步重新導向身體的做法為我重新帶來活力和親密感。身體，是我的最終避難所。無助時，我可以一次又一次地回到它身邊，讓靈魂平靜。

美蘇嗅聞蓮花

西元前 1524 ～ 04 年
古埃及新王國時期
阿蒙霍特普一世在位期間

· CHAPTER 3 ·

聞到什麼

烈日的味道和
為什麼「無味」是一種香味

他最先感覺到的是一陣乾燥的風從窗戶吹進來，
帶著烈日、鼠尾草和甜美三葉草的香味；這陣清風讓身體感到輕盈無比，
讓人如孩子般打從心底愉快地喊著「就是今天，今天。」
——美國作家維拉·凱瑟《總主教之死》

S M E L L I N G

不久前我走進一棟辦公大樓，大廳中央有座被植物包圍的水中雕塑，這在七〇年代也許很時尚，不過現在看來略顯過時，植物也疏於照顧。但這些都不重要，讓我停下腳步的原因不是外觀，是氣味。

兒時，我們家每周都會去附近的圖書館。我記得很清楚，兒童讀物在一樓，樓上都是成人書區。圖書館外圍沿著建築物側邊的玻璃後面，矗立著一座兩層樓高的噴泉，周遭佈滿植物。這座噴泉很不同，是由一根狹窄、透明、高約五公尺的垂直管子構成，水在管子中不斷地汩汩上升到達頂端後流過管線，再順著兩側緩緩洩下。

圖書館的噴泉有種特殊味道，一種混雜水和泥土的氣味。這種氣味說不上難聞或好聞，只能說很獨特，而且作為被帶入室內的戶外氣味來說已經很了不起（這種內、外部的氣味或物品調換總讓我著迷，就好比舞臺上出現一把傘，對我來說效果很驚豔）。後來圖書館改建，這座噴泉也跟著消失，我已經有幾十年沒有想起它，直到進入那棟辦公大樓，大廳的氣味才瞬間將我帶回童年的圖書館。回憶湧上心頭，我記得小時候喜歡獨自站在圖書館外凝視緩慢流動的水，母親和妹妹會站在還書櫃檯旁耐心等待。在寒冷冬日參觀圖書館是我童年最美好的回憶。

大廳的氣味將我帶回記憶中的圖書館，那是我最深愛的地方之一。我認識每位圖書館員，知道兩層樓建築中的每個角落，館內那永無止境充滿新奇和冒險的書籍讓我著迷。我深吸幾口氣後，精神奕奕地走進電梯。

五感中，相較於長期被忽視的聽覺，我十分重視嗅覺。嗅覺是我偏愛的感官，縱然氣味無法長時間保留，卻能夠與當下和過去產生聯繫，就像油加利樹的味道總讓我想起住在舊金山的那十個月。不用花一毛錢，無須刻意耗費時間和精力就能沉浸在美妙的回憶。更有趣的是，嗅覺讓我成為優秀的記者。一個明亮的周三早晨，我剛踏出大樓就採訪到本日最新消息：今天是倒垃圾的日子、街角的餐車正在煎培根、一位路人正悠哉地享受清晨的大麻菸。

氣味似乎通過鼻孔傳來，事實上人類的嗅覺是來自位於鼻腔深處的嗅覺探測黏膜細胞。打開披薩盒，微小的分子穿過鼻腔後刺激黏膜細胞將訊息傳送到大腦負責嗅覺的區域「嗅球」進行處理。接著訊息被傳誦到其他區域進行識別、統整及連結記憶，最後形成氣味。

令我驚訝的是，氣味也可以通過口腔抵達嗅覺神經元。沒錯，理論上人類是透過鼻子聞到披薩的味道，但在鼻後通路中，也就是食物進入口腔和咽頭時我們也會聞到食物的味道。在呼吸吐氣間，食物的氣味會通過口腔後的開口進入鼻腔到達嗅覺黏膜細胞。

這個過程為品嘗食物和飲品提供關鍵作用。將食物放進嘴後，此時嗅覺和味覺結合，帶來「味道」。人類需要嗅覺來體驗複雜的味道，如果沒有嗅覺，僅能得到甜、鹹、苦、酸和「鮮味」等基本味道。為此我做了個實驗，壓住一邊鼻孔把雷根糖放進嘴中——嗯，只有普通的甜味，但放開鼻孔正常呼吸時，就能嘗到複雜而明顯的櫻桃味。（我還學到一個讓嗅覺變敏銳的方法：增加鼻腔的血液流動，因此研究人員和調香師有時會跑上跑下讓鼻子甦醒。）

和所有感官一樣，嗅覺為人類提供關於環境的寶貴資訊，例如提醒我們注意與危險相關的氣味（如火災、腐敗的食物和穢物）以及可能的誘惑（如新車和二手書店）。

我喜歡肉豆蔻的味道，不喜歡黴味，雖然看似理所當然，我卻發現一個很有趣的科學知識，那就是人類對「味道」存在著自然反應，對「氣味」卻沒有同樣強烈的感覺。其中道理倒也不難理解，因為食物可能對我們造成傷害，所以即使是新生兒也會本能地拒絕帶有苦味（暗示可能有毒）的食物；從而喜歡甜味，通常代表營養的食物。神奇的是，大自然中其實沒有對人類來說足以致命的氣味，而一個人認為風信子、臭鼬或變質牛奶的氣味是「好」還是「壞」，取決於出生前母親的飲食、個人所處的文化歷史背景、健康狀況以及不斷改變的時尚潮流。期望會塑造經驗，如果從小身處的環境告訴我們「這是美味的帕馬森起司」而不是「嘔吐物」，或者這是「松樹的芬芳」而不是「消毒清潔劑的臭味」，我們對相同的氣味就會產生截然不同的反應。

汽油味好聞嗎？答案因人而異。什麼是「新鮮」的味道？是松樹、鮮花、還是海洋？「柑橘是快樂的味道」和「薄荷充滿活力」等說法純粹是後天習得的聯想，例如美國人認為薰衣草的氣味「令人放鬆」，但巴西人卻認為是「令人振奮」。美國國防部曾請知名認知心理學家達頓（Pamela Dalton）研發臭彈，她的研究顯示，大眾對臭味有著天南地北的看法。一位房地產經紀人告訴我：「我總是提醒客戶，乾淨是沒有味道的。你不知道來看房的人會有什麼反應，所以不要試圖把東西弄得很香，只要去除不好的氣味就可以了。」

和聽覺一樣，熟悉某種味道後能改變人的喜好。如同一開始我對喬安娜・紐森的〈81〉這首歌感到困惑不解，但聆聽無數次後逐漸改觀。我一直不喜歡「慾望之花」這支著名的香水，總覺得聞起來過於濃郁、強烈和充滿高濃度的香精味。直到某天逛百貨公司時看到試香紙，我拿起來輕嗅後突然間喜歡上它，於是立刻買了一瓶連續好幾個星期每天使用。

即使對「慾望之花」充滿熱情，我也沒能如願地持續聞到這股香味。鼻子是人類的「差異檢測器」，其主要功能並不是提供持續的氣味，而是對可能的危險發出信號。所以我們會有「嗅覺疲勞」或「嗅覺適應」，某種氣味聞久就會開始變淡。

一分鐘的深呼吸就可以讓氣味消退。走進咖啡店一開始咖啡香撲鼻而來，但沒過多久就會消失，如果是該店的咖啡師，這種變化幾乎在進門的瞬間就會發生。事實上，氣味如果越強烈和一致，我們就越能適應。美國著名的氣味科學家艾佛瑞・吉伯特表示：「就蒜味來說，在大蒜工廠的生產線待上十分鐘，比跟嘴裡有大蒜味的人交談十分鐘更快適應。」

因為嗅覺疲勞的關係，我無法像客人那樣聞到家中的味道，我擔心家裡聞起來其實跟狗飼料一樣但自己壓根沒意識到。聲音，我可以選擇對雜音充耳不聞，但只要稍微轉換注意力就能聽到。嗅覺則不然，人必須變得不熟悉一個地方的氣味才能再次察覺，所以想知道家裡是什麼味道，我得離開一個星期才有辦法。

我想起二〇一五年某天晚上嗅覺帶來的震撼教育。那天半夜睡眼惺忪準備起身去廁所時，一股焦味讓我整個人清醒過來。「快起來，失火了！」我搖了搖杰米喊著：「有燒焦的味道！」我跳下床狂奔，但一切看起來都很正常。跑回臥室時，杰米還在床上。「你沒聞到嗎？有東西在燒。」擔心是自己反應過度，所以當杰米慢吞吞地說「有，我聞到了」時，我既欣慰又擔心。我急忙打開窗戶想讓焦味散去，沒想到開窗後氣味變得更濃烈。

「聽一下廣播。」杰米說：「味道好像是從外面傳來的。」

廣播報導是哈德遜河附近的公寓遭祝融肆虐。如果那場火災發生在我們大樓，我會非常慶幸而不再埋怨半夜為了跑廁所而中斷睡眠這件事。我意識到，與聲音不同，味道無法將人從睡眠中喚醒。

儘管極少數人天生就沒有嗅覺，但嗅覺的敏銳度確實會隨著年齡增長減弱。過去，西方世界習慣低估嗅覺帶來的影響，認為嗅覺僅是種無足輕重、僅提供愉悅感的附加感官。相較之下，其他文化就顯得格外重視，比如印度安達曼群島的翁格人（Onge），該部落的日曆是依照特定時期開花的植物香味而設計，常見的問候語是：「你的鼻子好嗎？」

在美國與其他許多地方，新冠肺炎徹底改變世人對嗅覺的認知。感染新冠肺炎會導致嗅覺喪失或改變，以及隨之而來對味覺的影響，我們終於意識到嗅覺的重要。

一位朋友染疫後失去嗅覺和味覺數月，她告訴我：「我還罹患幽閉恐懼症，感覺整個世界了無新意和有種吸不到空氣的壓迫感。我不斷喝康普茶，至少醋和氣泡的組合能帶來一絲真實感。我也不得不在燕麥片中加入核桃和果乾來增加口感。」

失去嗅覺還會讓人錯過重要警告，如肉類變質、煙霧和氣體外洩等味道。除此之外，喪失嗅覺也讓這群人在保持健康飲食上遭遇困難。有些人體重持續下降，因為食物吃起來索然無味；有些人體重增加，因為食之無味的食物永遠無法令人滿足。

有些人說嗅覺失靈會產生與世界隔絕的孤獨感，某次重感冒我曾短暫體驗到這種痛苦。那時我去中央公園散步，看著停在路邊等待乘客的馬車卻聞不到其特有的味道，更不用說船池的潮濕氣味，讓這趟散心顯得異常平淡與不真實，像是隔著一塊巨大的玻璃看世界或觀賞一部無聲電影。

最糟糕的是，失去嗅覺讓人感到孤立無援。有位女性書迷寄來的電子郵件寫著：「染疫失去嗅覺時，我最懷念晚上靠在老公胸口聞他身上的味道。」

與其他感官相比，嗅覺是最原始、充滿野性與直覺的感官，特別是對某些特殊氣味（尤其是體味）而言。因此多數的高檔奢華浴室在香氛上的堅持讓我驚訝，它如此坦率地承認人類對嗅覺的渴望。

通常在公共場合聞東聞西並不是很禮貌的行為，就算聞食物也是。有次在自助餐排隊等候取餐時，我看著前方的義式海鮮燉湯思索著不知道是否好喝，於是輪到我時，走近用力吸了一口氣並暗自想著：「啊，這可是嚴重違反社會常識的行為。」果然，站在一旁的女人立刻驚呼：「天哪！你在做什麼？」我連忙道歉並匆匆離開。但實際上我做錯了什麼？我的臉離湯還遠著呢。後來我意識到，應該是當下「聞」這個舉動帶來的觀感不佳，也許只有在花店或香水櫃檯才能讓我們光明正大地嗅聞各種氣味。

培養嗅覺

因為偏愛嗅覺，我想做更多事情來探索和享受嗅覺。我很喜歡代表聖誕節日氛圍的白色水仙花，但每年十二月都告訴自己：「為什麼要花錢和找罪受呢？明年再買吧。」結果這麼多年來，我一束花都沒有買過，現在該是採取行動的時候了。

我知道自己總是無意識地讓各種感覺消失在生活中，也從未注意過鼻子提供的資訊。雖然重視嗅覺，對它的瞭解卻十分有限。普遍來說，人在喜歡某樣東西時會更認真研究，因為瞭解越多就越能從中得到收穫，所以許多人鑽研音樂、藝術、電影、酒和食物等，希望從中獲得更好的鑑賞及品味能力。但我發現很少人專注在開發或訓練嗅覺，我決定去上課。

住在紐約的好處之一是能夠找到幾乎與任何主題有關的課程。發現普拉特藝術學院提供兩門關於嗅覺的六周課程——「初階調香技術與氣味語言體驗」和「高階調香體驗」，我毫不猶豫地都報名了。

開課的星期六早上，我提早出門、提早抵達，因為喜歡先在教室或活動場所周圍繞繞，觀察每個人如何安排時間和瞭解當地的空間規劃。我看了校園內公告欄上的通知、教授研究室、自動販賣機裡還有哪些零食，最後走進上課的教室。

大家正襟危坐在實驗桌旁不舒服的高腳椅上，瞬間加強這門課的科學氛圍。同學的年齡落在二十到四十歲不等，我們依序自我介紹，不出所料許多人想成為調香師，有些人則在完全不同的領域工作。我寫過許多關於幸福的文章，所以在得知授課教師是倩碧暢銷香水「快樂」的調香師雷蒙・馬茲（Raymond Matts）時，我興奮地覺得這是個好兆頭。

接下來的幾個禮拜，大家一起研究香水的歷史、嗅覺的機制以及如何運用語言文字描述香水。每堂課雷蒙都提供非常多建議、告誡和看法，我的筆記本上寫滿重點：

- 不要靠聞咖啡豆來恢復嗅覺，那是一大迷思。嗅聞自己的手肘，那才是最原始的氣味。
- 不要試著區分層次。美好的香氣非常複雜，是精心調製後的平衡。
- 不要透過聞瓶子上的噴頭來評斷香水，要噴在自己的皮膚上。
- 不要混淆「果香調」和「柑橘調」，兩者完全不同。
- 不要把香水噴灑在空氣中然後走過去。
- 為了製造美麗的香味，有時需要添加些不好聞的氣味。
- 有人說不希望香水中含有化學物質，但所有東西都是一種化學物質，「水」也是。
- 試著嗅聞世間萬物。折斷一根樹枝聞聞樹皮內部的味道，還有橘子皮和自己的腳臭。
- 請正確使用試香紙：先握住一端輕輕地噴灑或浸泡在香水中，待乾燥後在兩個鼻孔下來回移動，你會發現每個鼻孔帶來的感受不同。

兩顆眼睛負責觀察一切，兩隻耳朵能確定聲音來源，我從來沒有意識到原來兩邊鼻孔賦予我們如此靈敏的嗅覺和能發覺更複雜的味道。鼻孔在吸氣的速度上略有不同，這種差異讓每個鼻孔向大腦傳遞的資訊也不同。回家後，我拿出一罐辣椒，試著先用左邊的鼻孔聞，然後換右邊。我左右替換時，氣味確實發生變化，而且用兩個鼻孔同時嗅聞，能得到更豐富的味蕾衝擊。

課堂上，我們學到香水是由「香調」（也就是感知到的氣味）組成。香調分為三類，主要是根據香水的揮發速度和隨著時間變化後呈現出的不同味道。香調建構出神奇的「嗅覺金字塔」，包含前調、中調和後調。前調是最先被聞到的味道，中調是前調揮發後呈現的味道，後調則是最慢出現並持續最久的味道，也可以稱作餘味。這些神奇的香調構成人類嗅覺的香氛體驗。

在高階調香體驗課程中，我們由上到下、仔仔細細嗅聞嗅覺金字塔中的十八種氣味。從前調開始，最先聞到是金字塔頂端的柑橘調、清新調和馥奇調（Aromatic）；再來是綠葉調和醛香調等中調，接下來是琥珀調和爽身粉香調（Powdery），最後是壓軸的麝香調。所有氣味中，我最喜歡的是老限的花香調。

將試香紙浸入透明液體中後拿出來輕嗅，試圖將這個過程和感受用文字呈現非常具有挑戰性。班上同學經常說「這讓我想起在陽光下割草的味道」、「這聞起來像是洗碗精」、「這是夏天雪松衣櫃發出的味道」，還有玉米罐頭、濕衛生紙、煮熟的紅蘿蔔和游泳池等眾多奇妙的味道。

無數個周末我們坐在高腳椅上，拱著身體以不舒服的姿勢在實驗桌上仔細嗅聞各種味道。研究後調的時候，我發現自己喜歡「沒藥」，但不愛「勞丹脂」；但嗅到最後的麝香調時，我困惑了。我像往常把試香紙浸入小瓶後深吸一口，卻沒聞到任何氣味。這是國王的新衣嗎？我疑惑地看向其他同學，但每個人都正常地進行著。

「你有聞到什麼嗎？」我小聲地問身旁同學。

「當然，你沒有嗎？」他驚訝地說。

「沒有，我什麼都沒聞到。」

「也許你的試香紙沒有浸泡完全，試試我的。」他將試香紙遞給我，但依然沒有任何味道。

舉手反應「我沒有聞到任何味道」時，我感到很窘。「不用擔心。」教授淡淡地說，「很多人聞不到麝香的味道。」

起初我鬆了一口氣，但等等，這表示我錯過了一種氣味？從九〇年代以來麝香就非常流行，它不但容易與其他氣味融合使香味更加圓潤，而且製造成本相對低廉。當同學們認真嗅聞並寫下關於「黃葵內酯」或「麝香T」等原料的筆記時，我有種被冷落和遺忘的落寞感，從來沒有想過自己會無法聞到某種氣味。

完成嗅覺金字塔課程後，我對嗅覺帶來的力量感動不已。上這門課前，我完全沒有料到自己會愛上這些名字一點都不詩意的氣味，例如：「甲基紫羅蘭酮」，讓我想起花稍的歐洲水果硬糖；「欖青酮」則像花店裡那些尖銳、翠綠的碎葉氣味。其中我最喜歡華麗的「苯乙醇」，有種黎明時分玫瑰花瓣的清新透亮味。

展開對氣味的研究也讓我更頻繁地使用香水。許多人喜歡乾淨、沒有香水味的環境，因此開會或上餐廳時我不擦香水。但我基本上是在家工作，還有什麼好顧慮的？除此之外，晚上在家我也會噴灑香水，真是十分奢侈的享受。

我還買了一組香水試聞瓶小樣。我這個人就喜歡有系統和依序分類好的一切物品，不管是藝術家的調色板、藥品分裝盒、釣魚工具收納箱、生物學的林奈分類法、聖誕倒數月曆還是元素周期表。這些試聞瓶小樣讓我在一排整齊又精緻的小瓶子中，依照個人喜好挑選香水噴灑。

開始五感實驗前我自認嗅覺是前臺感官之一，現在回想起來，我其實並沒有想像中的擁有敏銳的嗅覺。但不可否認，上完這兩門課後我更懂得關注嗅覺。

那是什麼味道？

香水課程中教授一再提醒大家保持警覺，留意周圍的氣味。我好奇地在社群媒體上問大家：「你關心嗅覺嗎？」答案顯示，有些人的嗅覺敏感度遠高於其他人，有些人則是出於職業上的興趣，而特別注意氣味。比如某位調香業界人士回答：「我是專業的聞香師，鼻子非常敏銳。我就是那種能立刻知道你是不是擦了新香水的人。」還有一位微生物學家解釋在臨床醫院實驗室中，科學家如何使用嗅覺：

> 通常，我們可以透過氣味來判斷培養皿中的生物。它們的味道很複雜，從葡萄、牛奶糖、巧克力蛋糕、水果、漂白劑到泥土都有，還有許多其他獨特的氣味。有些人對特定生物的氣味很敏感，有些人則完全聞不到某種氣味。

還有些人是善於注意細節的嗅覺業餘偵探。朋友笑著告訴我：「我都知道家裡那位青少年什麼時候和朋友偷喝酒，但他完全搞不清楚我是怎麼辦到的！我兒子一定聽過花生醬能掩蓋酒精氣味的都市傳說，所以每次聞到花生醬的味道，我就知道他喝酒了。」

作為培養嗅覺的一環，我努力學習更精準地說出各種氣味。那塊肥皂是橘子還是葡萄柚味？我在廚房裡能聞到哪些香料？迷迭香或百里香？這些挑戰非常有趣。

幾乎所有關於氣味的討論中，我都會讀到「鼻尖現象」（tip of the nose phenomenon）。鼻尖現象係指有時遇到熟悉的氣味，但我們無法看見或解釋氣味的來源，因此無法辨識出到底是什麼味道。這是因為當下大腦無法檢索到與這個氣味匹配的語言資訊，此時如果能提供參考範圍，我們就比較能辨認出來。研究顯示，不同文化背景的人在辨識氣味上也出現差異，例如馬來西亞的嘉海人（Jahai）擁有更完整的詞彙來描述氣味，並且比起其他文化能更準確地描述聞到的味道。

「我們來玩個遊戲。」一天下午，我向伊麗莎和艾莉諾建議。「測試大家的嗅覺，看看誰的分數最高。」

「要聞什麼壞掉的東西嗎？」艾莉諾擔心地問。

「沒有，就是生活中的普通東西。」我笑著說。我們輪流蒙上眼睛，聞了些神祕的氣味，如芥末、柳橙汁和咖啡等。與預期的不同，我們輕鬆猜出大部分的氣味，卻又會敗在簡單常見的東西上。我無法說出醋的味道，伊麗莎把丁香誤認為肉豆蔻，艾莉諾則是把牛奶糖猜成焦糖醬。整體而言，任務沒有想像中的困難。

幾周後，我買了桌遊《跟著你的鼻子走》，遊戲機制類似賓果，遊戲盒中有三十個白色小型塑膠容器，蓋子打開後會釋放不同的香味，如榛果、肥皂和青草。玩家需要將容器的氣味與圖片配對，達成率最高的獲勝。我和伊麗莎、艾莉諾輪流嘗試了幾次後就放棄，決定改為一起辨別氣味，這個遊戲的困難程度完全出乎我們意料之外。

「我認得這個氣味。」伊麗莎舉起一個容器說：「但又講不出來。」她遞給我。「為什麼之前辨認家裡的真實氣味時那麼容易？」

「親愛的，我不知道。」我聞了一下容器後說。

這是種非常奇怪的感覺。一開始，我聞到某種熟悉的氣味卻遲遲無法將它歸類和化為言語，直到在腦中回顧將近三十個選項，確定聞到的是「煙囪」或「玫瑰」後，一切瞬間變得鮮明。這是因為一旦對氣味產出某個詞彙後，大腦和感官就能同時產生連結。

《跟著你的鼻子走》帶來的樂趣讓我想起類似的產品——香氛刮刮樂貼紙（scratch-and-sniff），只須輕輕一刮就可以聞到接近實物的氣味。這是我很喜歡也很享受的「聞香」遊戲，從小我們姐妹都對這個產品很著迷，蒐集了不少。前陣子回老家探望父母時，我找到了一些兒時的收藏，不由得也好奇現在的貼紙變得如何，所以買了一包來玩玩看。後來有次在寫給艾莉諾的家務清單上，我還特意貼了一張藍莓香味的刮刮樂貼紙。

與氣味互動的過程也讓我想起自己一直都對嗅鹽很好奇。我對嗅鹽的印象還停留在小水晶瓶和維多利亞時代嬌弱的女士，沒想到如今它已改名換姓為「氨氣吸入劑」並推銷給運動員。好奇心殺死一隻貓，我默默訂了一盒來試試。

嗅鹽的機制是氨氣會刺激鼻子和肺部黏膜，進而加快呼吸速率，聽起來有點嚇人，我花了幾天時間才鼓起勇氣打開一個膠囊並擠在手指上聞了一下，味道沒有預期中的可怕，是非常不可思議的氣味。不，甚至不能說是一種氣味，更像是把氯水直接灌進鼻子，我不自覺地把頭扭向後面——夠了，好奇心獲得滿足了。

增加香味和消除異味

感到幸福的方式之一是擁有更多讓自己開心的物品（如：鳳梨味的香氛刮刮樂貼紙）和除去讓人感覺差勁的事物。

我發現自己過去在接受感官體驗時太被動，也很少考慮如何才能從環境中獲得更多快樂，無論是提高愉悅感還是消除討厭的東西。我決心改變這一切。

第一個行動，也是最有趣的部分：增添美好的氣味。研究顯示，人類喜歡某種氣味與美好的記憶有關，因為充滿回憶的氣味讓能心情愉悅。某次前往法國的旅行時，我看見大片薰衣草田在陽光下搖曳，從那時起就愛上薰衣草的味道，也讓我養成一個習慣，往後只要看見薰衣草都會輕柔地握起一小枝，用力吸一口那充滿土壤芬芳又甜美的香氣。還有一次在朋友家，我發現他們使用的肥皂非常好聞，於是等家中肥皂用罄後，我花了比較多的錢購買同一牌的肥皂。除此之外，我知道自己有「保存」和「捨不得使用」好東西的傾向，所以開始強迫自己在家工作時，要點最愛的梔子花香氛蠟燭（但不是每天，否則會因為習慣而失去享受氣味的能力）。

另外，我還把最喜歡的一款香味設定為幸運香水，那是多年前買的「原野牧草香水」，我喜歡它厚重又帶有蜂蜜甜香的牧草味，有種身處湛藍天空底下的空曠田野之感。「幸運香水」顧名思義，只在我最需要好運時使用。

雖然身懷某種香味看似跟解決困難無關，但研究告訴我們，相信自己有好運加持的人擁有更強大的自信和氣場，這種信念確實也會提升個人表現，例如告訴高爾夫球選手正在使用的是一顆「幸運球」，他們推桿的表現會更好。同理可證，原野牧草香水為我的生活注入一劑強心針。

此外，我還發現一種感官運作的固定模式：當某個感官得到滿足後，大腦刺激其他感官的念頭就會減少。舉例來說，無聊想吃零食時如果我噴上香水或做些能滿足其他感官的事情，想吃零食的衝動就消失。

更重要的是，增加香味的同時也需要消除讓人不悅的味道。擺脫不愉快和讓人困擾的氣味讓生活更快樂。我習慣在冰箱放小蘇打粉來吸附異味，某天打開冰箱門時，氣味告訴我該換一盒新的了。扔掉舊蘇打粉時我突然意識到，雖然廚房用的垃圾袋標榜有「清新乾淨味」，但我非常不喜歡那個味道，在忍受多年之後，我終於決定改用無香味垃圾袋。當然，「無味」也是一種氣味，就像「降噪」的原理其實是增加噪音，同理可知，無香味產品是添加更多香味來掩蓋其原本的氣味。

此外我還注意到，最近巴納比身上除了狗味還有新的氣味，似乎有些熟悉。

「艾莉諾，你有注意到巴納比最近聞起來不一樣嗎？」我問。

「有！但我不知道那是什麼味道。」

我說：「我知道聽起來很奇怪，但聞起來像……玉米片。但巴納比不可能吃玉米片。」

這個氣味帶給我的感覺是如此奇怪和不協調，一時間完全沒想到可以上網查詢，但艾莉諾立刻掏出手機。

「我找到一篇文章標題是〈我家狗的爪子聞起來像玉米片，這正常嗎？〉」兩秒鐘後艾莉諾回報。

「太好，所以不是我想太多！」我非常欣慰。「那麼，這正常嗎？」

她快速掃過文章，「對喔，無害。這是因為爪子上有細菌，幫牠洗個澡就可以了。」

不用顯微鏡也無須具備科學文憑，僅憑我的鼻子就成功檢測到過去對我來說無法發現的細小存在。我們根據文章的建議幫巴納比洗了個澡，氣味消失了。

捕捉氣味的記憶

五感不僅提供現實世界的資訊（如狗狗爪子的味道），也有助我們回憶。在照片中瞥見消失已久的房間、在收音機中聽到老歌、吃著自童年以來再也沒有吃過的食物和感受一雙舊靴子的重量都能讓回憶瞬間湧現。

對許多人來說，嗅覺擁有喚起更多記憶的特殊力量。這或許與大腦的迴路有關，也或許是氣味引發的記憶經常在毫無徵兆的情況下出現，因而令人感到衝擊。例如只是走在街上或踏進別人家，一個簡單的氣味就能讓記憶重現。

最近我家附近正在重新鋪設道路，社區聞起來和我高中時打工的瀝青廠一模一樣。這個味道勾起我對卡車不斷發出的轟鳴聲、機器的嘟嘟聲以及年少時恐懼犯錯的種種回憶——那些，我早已遺忘的記憶。

我讀過一篇安迪．沃荷利用氣味來喚起記憶的報導，他會連續三個月噴同一罐香水後將它束之高閣，如此一來那瓶香水就能成為那段時間的代表。「如果你想讓自己瞬間回到某個記憶點上，看、聽、摸、嘗都不如聞來得有力量。」他解釋，「透過瓶子裡的氣味，我能得到想要的心情和回憶。」

進行每日訪談及調查

每日探訪大都會博物館的任務仍在進行，我也想充分利用五感讓這個計畫的體驗更加豐富。我決定將嗅覺帶進博物館。大都會博物館有氣味嗎？有，非常多。

入口處殘有市井的味道，廁所洗手乳的香味讓人愉快，某個人煙罕至樓梯間的氣味讓我想起了就讀法學院的日子。每周都會有專業團隊利用五個壯觀的石製花瓶，配上不同的大型花藝來點綴大廳，經過時我總會試圖捕捉樹葉和花朵的香味。展廳使用的材質也會影響氣味，不管是木頭還是石材……其實我不確定。答案也許是否定，因為每個人所感受到的一切通常會大幅受到個人期望影響，說不定是視覺左右了我認為自己應該聞到什麼。

我最喜歡的其中一個展廳散發出來的氣味讓我驚喜。隱藏在宛如迷宮般二樓的一隅，美輪美奐的中式庭園「亞斯特庭園」竟然是個真正的花園！空氣中充滿泥土、植物和小池塘各種令人驚訝的真實氣味，甚至還有斑點錦鯉在池塘裡優游。儘管如此，這裡的氣味還是比我預期的要淡一些，可能是因為博物館的通風和空氣清淨系統淡化了氣味。

還有一天我在美國藝術區參觀，背對著美國雕塑家凱梅斯（Edward Kemeys）的作品〈黑豹親子〉，準備用莎拉教導的祕訣，手上拿面小鏡子欣賞作品的倒影時，我聞到咖啡廳飄出的食物味道。雖然很喜歡餐廳的氛圍和喧囂感，但食物的氣味大大削弱我所鍾愛的博物館氛圍，藝術品似乎不再重要，默默被其他活動擠到無人問津的邊疆。

另一次在觀賞伊朗和中亞藝術展區的香爐時，我異想天開地想著：「如果參觀時能聞到香的味道就太棒了。」畢竟大都會博物館已經使用陽光和水聲來為空間增色，為什麼不試著使用氣味呢？我一定會非常喜歡。

在不同的展廳之間移動時，嗅覺會增加存在感，只有在這個當下、只有這個瞬間，我才能聞到專屬於這裡的氣味。而且博物館每天的氣味都與前一天的略有不同，比如今天我聞到遊客身上的椰子油防晒乳，明天是外套被大雨淋濕的味道和總是縈繞在樂器展廳附近的黴味。

這些細微的差異更彰顯出我堅持每天拜訪大都會博物館的重要性。過去，在參觀博物館時我習慣設定目標並不斷提醒自己：「我今天要看這個，千萬不能分心。」雖然這種態度讓我能按照優先順序完成計畫，但同時也限制自己培養感受新事物的開放與冒險心態。

開始執行每日參觀大都會博物館計畫之後，我再也無須謹慎地安排時間，終於可以盡情探索每一個展廳。出乎意料，美國藝術區的開放式典藏庫成為我最喜歡閒逛的地方之一。昏暗的夾層中，那些不太適合在主廳展出的物品，卻依然以大都會博物館審慎對待每件藝術品的風格被精心保存著。透明的牆面像是開放式衣櫃，賦予參訪者貪婪飽覽每件展品的機會。這樣的設計讓陳列在擁擠走道上、我本來以為很無聊的展品突然變得有趣，不管是木椅、色彩斑斕的玻璃花瓶還是銀湯匙皆然。我除了有大把時間細細品味，也注意到這個展區中密密麻麻的擺設方式讓空氣聞起來與大型開放展廳截然不同。

美國著名作家和哲學家梭羅曾說過：「我喜歡遼闊無垠的生活方式。」有些人主張「無所事事」和「擁抱浪費時間」，但無論如何，每個人確實都是在以某種方式對待時間。雖然我總能找到事情來做，但我知道為了滋養想像力，必須做更多不同的事，需要以更歡愉的心態，在那一個當下去做任何內心嚮往且吸引我的事。走在博物館裡，視覺、聽覺和嗅覺三種感官帶給我寬鬆舒緩的心情並讓大腦充滿聯想力。研究發現，注意力放鬆時更能產生有創意的聯想和詮釋，同時激發驚人的洞察力和提出解決方案。

在博物館的每一天，我都在尋找有趣的事物。我會去中世紀彩色玻璃窗拜訪那頭露齒而笑的可愛牛牛，也會特別尋找跟閱讀中的書有關的展品，或是把尋找天鵝、青蛙和頭骨相關展品當成尋寶遊戲。我也對具有超自然力量的物品特別感興趣，如魔杖、護身符、聖髑或咒語書。我聚精會神尋找讓自己驚奇的展品，因為只有全神貫注，我們才能從眼前的事物中找到驚喜。令我驚訝的是，博物館甚至展出了馬鈴薯搗泥器和安全別針，還有佛陀經常被畫成有鬍子的樣貌。

某日在展廳內，我正在享受參觀者身上熟悉的古龍水味道時（應該是迪奧的曠野之心淡香水），思緒猛然被拉回來，我感受到一道灼熱的目光射來。那是雙古老的青銅色眼睛，似乎快要跳出來般的死死盯著我瞧，一旁殘缺的碧玉嘴唇展品也很美麗卻沒有同樣陰森的效果。儘管這雙眼睛孤獨地存在世上，尺寸也過大還被放置在展示架上，卻依然充滿生命力。現在只要聞到曠野之心古龍水，我就會想起這雙大眼睛。

透過嗅覺與他人更親密

不管是在大都會博物館或任何地方，嗅覺都是最容易被忽視的感官，但

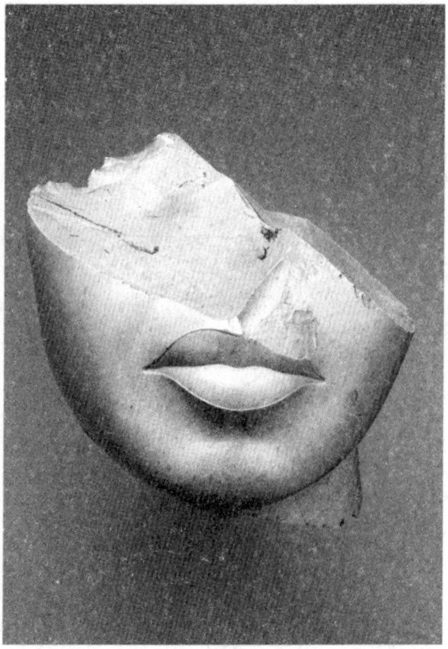

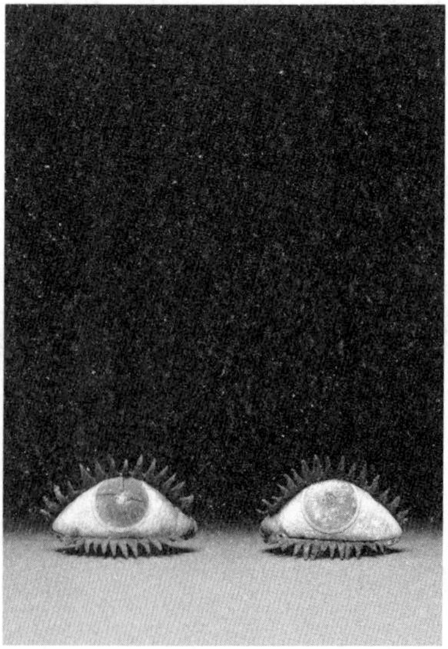

它卻是與這個世界以及其他人深刻連結的強大方式。

通常來說，談論想要嗅聞別人的話題或慾望是很尷尬的一件。聞著某人的髮香或從地板上撿起T恤後深吸一口氣，這些舉動和氣味帶有非常親密的感覺並讓人產生依戀。

動物和昆蟲會釋放費洛蒙，這些化合物以一種無聲無形卻強而有力的方式來傳遞訊息或誘發特定行為。例如費洛蒙幫助動物尋找配偶、誘發新生兒的吸吮反射，並調解螞蟻和蜜蜂等群居昆蟲之間的互動。

無數科學家、香水業者及軍事機構等，多年來試圖探究人類是否也有費洛蒙，卻從未發現直接證據。雖然人類和其他動物一樣似乎能透過費洛蒙進行交流，但研究人員仍無法確定。

無論人類是否能像其他生物那樣使用費洛蒙，可以肯定的是我們的確深受他人氣味的影響。一位已婚朋友告訴我：「我們剛交往時候，有天晚上我忽然醒來，悄悄聞了聞睡在身旁的未來老公，確認自己喜歡他的氣味。」

「你之前不確定嗎？」

「那時我很怕這段關係會失敗，但發現自己喜歡他的氣味時，我安心多了。」

有鑑於人類是如此熱衷於關注他人，發現我們在掩飾本身的氣味花費大量功夫，這項事實也許令人驚訝——又或者該說是意料之中。為了讓自己聞起來更香，我們大量使用體香劑、香水、淋浴、漱口水和薄荷糖來創造所謂的「外交氣味」。我擁有無數種能影響自身氣味的商品，但直到最近才聽說有種東西名為「體內除臭劑」。這是一款經美國食品和藥物管理局批准的非處方藥，可以「從內消除脹氣和糞便的氣味」。

嗅覺帶來的親密感——有時甚至像是鋌而走險般的刺激感，讓我們得到極大的滿足，這股歡愉感既禁忌又大膽。我要很尷尬地承認一件事，我之所以喜歡「花語天堂」這款香水一個原因是，它有種明顯的……淋漓汗味。（有些研究顯示，人類的汗腺會分泌費洛蒙。）

有時，我們甚至沒有意識到氣味帶來的強大影響力。我在一場會議上初次遇見一位男士，立刻就對他產生好感，後來我發現可能是因為他身上散發著淡淡的露得清洗髮精味道，就和我老公杰米一樣。

剛搬進我們現在住的公寓時，我對屋內各種奇怪的氣味惴惴不安，不管是後走廊、洗碗機還是臥室。確切來說它們並不難聞，但建構一個家需要的是我們居住者的味道，這正是這裡缺少的。我有些感慨曾經那樣重視氣味的我現在卻顯得鑾不在乎，過於熟悉讓我慣性忽視。但每次結束旅行回到家時，家裡的氣味依然立刻讓我知道這是一個充滿安全和愛的地方。因此我做了另一項改變，早上整理床鋪時我不再是把所有東西放定位就結束，而是會花幾秒鐘抱著杰米的枕頭深深吸一口氣，感受我最深愛的味道。

試著更仔細地嗅聞這個世界

在一個充滿生氣、寧靜、無憂無慮又富饒的春天早晨，我走進中央公園。「我喜歡這裡的寧靜。」我喃喃自語著，但是認真聆聽之後才發現公園一點也不安靜，有狗叫、鳥鳴、遠處的喇叭聲和孩子們的笛聲與歌聲。除此之外，我甚至還偷聽到有人對著空氣侃侃而談。公園的「寂靜」其實充滿各種聲音和景象，當然還有氣味。

多年來我習慣到中央公園散步，基本上都是走同樣的路線，因此對一草一木非常熟悉。開始留意氣味後，我訝異地發現在每天必經的小徑上，有段十五公尺長的路十分突兀地散發出獨特的香味。我想起香水課的練習，於是停下腳步深吸一口氣並嘗試用語言表達。這味道，嗯，有些辛辣但溫暖，讓我想起蘋果酒……啊，是丁香！接著我開始尋找植物或食物攤位來解釋這股意外的氣味，卻沒有發現任何東西。我以為自己是唯一察覺到這個氣味的人，回家上網查詢後發現早已有相關問答——謎底揭曉，那是公園使用的有機丁香油除草劑。

隨著感知力提升，現在不管是在公園還是其他地方，我對氣味的感受力更加強烈。經過髮廊有顧客推開門走出來時，我會趁機嗅一下，感受美髮產品的刺鼻氣味在周遭飄蕩。我幫朋友的小兒子打開一罐新的「培樂多黏土」，會聞到那鹹鹹的麵粉味。我甚至回味起眾多令人不快的氣味，如飄蕩在廚房垃圾桶上方的酸腐味及大雨過後地鐵站的潮濕味，這些本質上令人不舒適的味道卻為人類的感知帶來深度。

嗅覺還有種神奇的超能力：讓我在當下意識到自己的存在。轉瞬即逝是氣味獨有的特性，我們無法反覆嗅聞某種氣味、無法把它作為書籤收藏、無法倒帶或是儲存起來待會再聞。因此，嗅覺教會我將注意力集中在當下，如某家鞋店或女兒學校大廳散發出來的氣味，讓我知道「在那個時候，我就在那裡」。未來不管去任何地方，我都想和身體脣齒相依，感受這份純粹。

透過這項實驗，我知道氣味確實能喚醒過去，也學會更留意任何閃現的回憶。

在家裡附近散步時我經過一處建築工地，工地散發出木頭和略帶潮濕的氣味讓我想起某年夏令營的場景，那段和朋友擠在屋況堪憂的小木屋裡度過的夏日樂趣。

時至今日，根據五感實驗研究結果我發現各項差異越來越明顯，不僅是我自己還包括其他人，例如有些人不在意感官享受，另一些人則樂在其中；有些人對事物有著嚴格標準，有些人則相對寬鬆。

就像美食評論家對食物的要求比一般用餐者要求高，對真正出色的餐點也擁有鑑賞力。愛吃鬼雖然也會有高標準，但享用平價熱狗能跟享用高檔鵝肝一樣樂在其中。我妹伊莉莎白會愉快吃下端到眼前的任何食物，但她缺乏鑑賞力。剛開始五感計畫時，我跟伊莉莎白一樣對很多事物沒有嚴格的標準，但和她不同的是，我甚至沒有特別享受。因此我期待在探索五感的過程中，能更注意和更享受一切，截至目前，我進步顯著。

開始關注音樂後我才意識到自己非常喜歡聽聖誕歌曲。我曾經認為（以那未經開化的味覺）所有的龍舌蘭酒都一樣，直到與杰米在度假期間參加品酒課後，才發現自己錯得離譜。現在，我能夠區分五種不同風味的龍舌蘭酒，還發現自己最喜歡的是「瑞普薩多」風味。毫無疑問，我更瞭解自己，現在還可以愜意地邊聽聖誕音樂邊喝最喜歡的龍舌蘭。

某天午後在我家附近散步時，我決定召喚神奇的嗅覺好好感受當下。我走過飄著魚腥味的雜貨店和散發甜味的水果攤，呼吸著花店外梔子花的奶油香味，在擁擠的人行道上往家的方向前進。我非常喜歡以這種方式感受大自然的氣息，不管是魚、水果還是花朵——但我終究還是更喜歡家中每個熟悉的氣味。

艾瑪・范納姆

約 1805 年

約書亞・約翰遜

· CHAPTER 4 ·

品嘗一切

茶和蛋糕的味道，和番茄醬的魅力

這股全然而純粹的強烈快感是從何而來？
我覺得與茶和蛋糕的味道有關，但遠不僅止於此。
——法國作家普魯斯特《追憶似水年華》

TASTING

盛夏，火傘高張，空氣中瀰漫著烘烤的味道。除了偶爾從建築物的陰影中找到休憩的空檔，其他時刻無不被毒辣的太陽滿懷惡意地炙烤著，持續感受到街道上不斷冒出的熱氣。我望向刺眼的豔空想著，這種天氣如果忘記帶太陽眼鏡，肯定要回家一趟。

在結束會議準備走去地鐵站時我突然感到非常口渴，還好沒走多遠就在街邊找到一間小雜貨店。進去後我望向冷藏櫃，除了常見的軟式飲料和能量飲外，我驚訝地發現居然還有販售「思樂寶無糖蜜桃冰茶」。我已經很多年沒見過這個飲料，立刻付錢買了一瓶，走出商店迫不及待喝了一大口。

微甜、滑順、帶有果香的味道讓我瞬間回到在法學院念書的時期，那時規定每位學生都必須在餐廳消費一定的金額，我在那裡不知道喝下幾公升的思樂寶蜜桃冰茶，等到畢業時我真是受夠了那個味道。

這麼多年過去，現在這個味道卻讓我很開心。喝完第一口我開始放慢速度，像品酒師般的細細品味。我將飲料含在口腔停留數秒，品嘗濃郁的桃子味和隨之而來的獨特口感，熟悉的味道讓那段緊張又封閉的求學時光栩栩如生地重現在我眼前。

我好不容易才克制住立刻喝完整瓶的衝動，杰米也是法學院的學生，我想回家和他分享這個味道和回憶。

味覺是非常受歡迎的感覺，數千年歷史進程中人類不遺餘力地追求美味，對胡椒、丁香和肉桂等調味品的需求更改變了帝國的型態和命運。人類喜歡與味覺有關的任何活動，不管是烹飪、逛農夫市集、拜訪新餐廳還是品嘗葡萄酒，甚至僅是談論、閱讀和觀看與味覺相關的電視節目都讓人愛不釋手。

吃什麼、和誰一起吃、怎麼吃和什麼時候吃是人類的重要課題。這與身分、記憶和文化有關。

五感能快速改變心情並讓人愉快地轉移注意力，但有時我們仍會臣服於感官帶來的不健康誘惑，特別是味覺。很少聽說有人因為喜歡饒舌樂或抽象表現主義的畫作而飽受困擾，但許多人會抱怨無法抗拒甜甜圈邪惡的引誘。

就我而言，我從未在探索味道方面有過大膽的嘗試。我喜歡的食物不少，只是相較之下，我不像其他人熱衷拓展味覺地圖。

人類喜歡有跡可循的模式和可預測性，同時也追求新奇和驚喜。差異在於，每個人想擁有的可預測性和驚喜比例不盡相同。我吃同樣的食物，以同樣的方式烹調，幾乎每天都是如此，朋友會念我：「你住在紐約真是浪費，明明可以嘗試任何種類的食物，卻只想吃普通的烤鮭魚。」沒錯，我就是這樣。

對食物的熱愛常與對生活充滿熱情畫上等號，所以對食物缺乏激情總讓我感覺自己的生活不夠完整。美國傳奇廚神茱莉雅．柴爾德宣稱：「愛吃的人都是好人。」無獨有偶，十八世紀的法國美食評論家薩瓦蘭（Jean Anthelme Brillat-Savarin）也寫過：「告訴我你吃什麼，我就能知道你是什麼樣的人。」我很好奇他們會怎麼形容我。

我最重要的人生信條是「活得更像自己」。我想接受自己的平凡，卻又對自己抱有很高的期待。看著味覺帶給許多人無與倫比的快樂，我開始思考我是不是錯過很多。

我決定重新學習欣賞和重視味覺。在涉獵新知的過程我發現，每個人從出生就開始對味道產生反應，味道可以傳達出這些種食物是否有毒及營養與否的資訊。但我們能嘗出多少種味道？四種？五種？六種？還是十四種？令人驚訝的是，答案各界莫衷一是，仍未有定案。由於新興的味道如「脂肪味」、「皂味」、「金屬味」和「澱粉味」等尚未被廣泛接受，我決定研究西方世界公認的五種基本味道：甜、酸、苦、鹹和「鮮味」。

甜的食物能提供能量和營養。人類生來就渴望甜味且不斷尋覓更多，過去五百年裡，甜味已統治整個世界。

不僅如此，我們也喜歡鹹味，因為人體若缺乏鹽分，嚴重時會導致死亡。鹽也是人類唯一吃的礦物質，是普遍且通用的增味劑，不但可以提升甜味、加深鮮味還能掩蓋苦味（這就是為什麼有些人吃葡萄柚或喝咖啡時會加鹽）。出於未知的原因，人類甚至還習慣在食物中不斷添加鹽分，等到味蕾發出再也無法承受的訊號後才停止。

苦味暗示可能有毒，所以令人厭惡，直到人類學會接受並欣賞咖啡和萵苣的味道才有所改觀。

酸味代表萊姆、蔓越莓、優酪乳、葡萄酒和醋等食物中存在酸性物質。酸味為食物添加鮮活感，讓原本平淡無奇的口味變得有趣，至於什麼程度叫做「太酸了」，大家當然是各執一詞，沒有共識。

鮮味（或稱「旨味」）近幾年才加入味覺的基本陣容。一九〇八年，鮮味由日本化學家池田菊苗博士提出，其存在於肉湯、熟肉、番茄、核桃、魚露、醬油、陳年帕馬森起司和紅葡萄酒等天然食材中。添加味精（俗稱的MSG）可以增強鮮味；與傳言相反，加入味精並不會對健康造成任何負面影響。

人類很容易混淆苦味和酸味，因為它們經常同時出現。我會用柳丁來提醒自己：咬下柳丁果肉是酸味，咀嚼柳丁皮是苦味。

正確使用調味料組合能讓食物和飲料更美味，例如：帕馬森起司中的鹽分有助於帶出沙拉中各種食材的味道、蘑菇的鮮味可以讓清淡的醬汁別具風味、通寧水的糖分則可以減少飲料的苦味。我很驚訝地發現，一罐舒味思通寧汽水的含糖量幾乎與可口可樂相同，只不過成分中奎寧的苦味讓它嘗起來不那麼甜。

如果一項物品所帶來的感官體驗跟預期的不同，我們下意識產生厭惡。誰想買西瓜口味的OREO巧克力餅乾、洋芋片口味護唇膏、優酪乳洗髮精或「高露潔味」冷凍食品？儘管看起來太誇張了，但這些都是真實存在的商品。（奇怪的混搭確實是有趣的惡作劇，但恐怕沒有多少人希望在聖誕襪裡找到火腿口味的拐杖糖。）

正如我研究嗅覺時所學到的，簡單的味道與複雜的風味完全不同，後者需要同時結合味覺和嗅覺。比如我們可以嘗到甜味，但如果想要更具體地體驗巧克力、草莓或焦糖的風味，還需要嗅覺的幫忙。在所謂的「嗅覺錯覺」或「口腔味覺」中，我們誤以為嘗到的味道是通過口腔而來，但其實主要是來自鼻子。

基因遺傳讓有些人能更強烈地感受到某些味道，如苦味、甜味和奶油味。例如香水課大家一起把「苯硫脲」試紙放在舌頭上測試時，我只覺得試紙嘗起來有點苦，這說明我是個「普通嘗味者」；某些「超級嘗味者」同學能感覺試紙帶有強烈的苦味。

年齡也是影響味蕾的重要因素，隨著年齡增長我們可能因為嗅覺不再敏銳，而失去部分味覺。小孩子喜歡甜食不僅是文化背景使然，他們天生就比成年人更喜歡強烈的味道（像是甜味或鹹味），而且對苦味更敏感。出於某些尚未釐清的原因，孩子還熱愛酸味，研究顯示五歲到九歲左右的孩子確實比嬰兒和成人更喜歡酸味。

每個人的味覺偏好隨時都在發生變化，就味道而言，每吃下一口，我們對特定食物的喜愛程度就會下滑（即使很喜歡的食物也一樣）。有天吃晚餐時，一個意想不到的情況讓我同時經歷「特定感官飽足感」，以及與之相對的「自助餐效應」。

杰米很喜歡下廚，但從不在乎是否該同時端出所有準備好的食物。那天晚上，杰米、艾莉諾和我圍坐在餐桌旁吃他做的肉丸，吃完三顆之後我靠在椅子上宣佈：「好飽！我再也吃不下任何東西了。」此時杰米起身到廚房端出烤花椰菜，這是我最喜歡的食物之一。

我起身裝盤時艾莉諾說：「我以為你吃飽了。」

「非常飽，我沒辦法再吃任何肉丸（特定感官飽足感），但還有空間可以吃烤花椰菜（自助餐效應）。」我笑著摸摸肚子說。

正是出於這個原因，許多餐廳會提供小菜讓客人有被獎勵的感覺。

我們還可以欺騙味蕾。某次出於好玩，我把「神祕果」含錠塞進嘴裡，這粒含錠是由西非灌木的漿果製成，它特殊的醣蛋白酵素能欺騙舌頭的味蕾細胞，在食用酸性食物時感受到甜味。吃下含錠幾秒後，我試著吮吸檸檬片，果然嘗起來像是甜過頭的檸檬水，我接著再吃下未成熟，理應偏酸的草莓，嗯，跟糖果一樣。

我還嘗試了「印度金鈕扣」（譯註：Szechuan buttons，一種植物，具有麻醉、消腫、止痛效果），吃下後彷彿在嘴裡塞入一個電子蜂鳴器，因為印度金鈕扣會刺激三叉神經——這也是讓人感覺到紅酒的澀、辣椒的灼熱和薄荷清涼感的主要神經。

每個人的成長背景、文化和價值觀協助我們決定該吃什麼。即使是在限制最少的文化中，當地人也不會吃下所有具有營養價值和可食用的「食物」，一定會有某些食物是不能碰的。為什麼我吃牛肉而不吃馬肉？為什麼我吃牛肉卻不吃牛肝，況且牛肝不久前在美國還是道流行的佳餚。我從來沒吃過蟋蟀，雖然知道它的營養價值很高、對環境友善（容易飼養、成本低，對環境衝擊小），也聽說非常美味。一般而言，如果在二十五歲前我們沒有積極嘗試過某種食物，日後再接受的機率就很低。

雖然味覺主導飲食體驗，其他四種感官也做出重要的貢獻。首先，外觀很重要，早在一世紀前，古羅馬美食家阿彼修斯（Apicius）就指出：「一道菜餚的第一個味道，是眼睛先吃。」刺眼的橘紅色奇多玉米棒告訴大腦，準備好迎接重口味；清蒸蔬菜的鮮豔顏色讓人更有食慾。在美國，大家還會將顏色與味道連結在一起，例如藍色代表鹹味、紅色代表甜味，綠色則是酸味，所以用藍色碗裝的爆米花吃起來似乎更鹹，紅色碗裝的爆米花則更甜。

此外，聲音也會影響食物的味道。咀嚼過程中如果沒有聽到輕柔的脆聲，杏仁果吃起來還會一樣嗎？研究發現，吃洋芋片時的「喀滋聲」越大越讓人覺得新鮮。另一項研究要求受試者對兩瓶（相同的）葡萄酒進行評分：一瓶是用軟木塞封瓶，另一瓶則是用螺旋瓶蓋。結果顯示，受試者聽到拔出軟木塞發出的「啵聲」時，普遍認為這瓶酒比較好喝，同時認為這個聲音能激發眾人的慶祝情緒。也正是這種充滿酥脆的「啪」、「喀滋」或「吱嘎」聲讓吃「爆米香」變得更有趣。

氣味當然也對味覺至關重要。調理食品通常不如現煮的好吃，因為調理食品沒有讓我們在過程中聞到烹煮、燒烤或烘焙的氣味。這些誘人的氣味在空氣中縈繞，讓人產生期待並提升食物的味道。

口感也是決定食物是否好吃的原因之一。這個食物嘗起來是濕潤、奶味、絲滑、黏滑、粗糙、黏稠、粒狀、油膩、鬆軟、蓬鬆、酥脆、鬆脆還是會牽絲？多變的口感讓每個人體會到不同的感受（我非常喜歡口感這個詞，如此貼切地承載這麼多形容詞）。另外，各種文化在食用和欣賞食物「質地」方面也有顯著的差異。東亞和東南亞菜系能接受的食物質地範圍要比西方廣泛得多，包含滑溜的、彈牙的、有彈性和充滿嚼勁的。

有個星期天早上，我真切地體驗到食物帶給五感的樂趣。那天走進廚房我看見杰米正在流理臺前忙碌，也瞥見一旁堆得滿滿的各類食材。

「親愛的，你要做義式烘蛋嗎？」我好奇地問。

「沒錯。」杰米精神奕奕地回答。

「太棒了。」我非常喜歡杰米做的義式烘蛋。我靜靜地站在一旁感受杰米煸炒洋蔥和紅椒時傳來陣陣的爆香聲和香味，我已經能感覺到彈牙的食物在口中化開，更不用說圓形烤盤中閃閃發光的深棕色烘蛋。

杰米將平底鍋加熱時，我忍不住彈了些水到鍋裡，因為想聽見水在熱鍋裡發出的爆裂聲，這是個直到最近我才發現自己很喜歡的聲音。等杰米將食物端上桌，我們準備一起享用義式烘蛋時，我微笑地對他說：「你做的義式烘蛋是全世界最棒的！」

分享食物是古老、普遍且備受推崇的人類習俗，也是展現團結和友好的重要方式。同桌吃飯能加強彼此的關係，提供食物則是待客的基本要素。因此出於尊重和情誼，我們或多或少都會吃下不喜歡的食物。對許多人而言，分享食物意味著愛。

不僅如此，對食物擁有「相同的口味」也是建構共同身分的重要元素，無論是從文化還是家庭的角度來檢視都一樣。我特別喜歡某些食物，例如鮪魚沙拉、燉辣肉醬和各式餡料，但前提必須是按照我家的食譜來烹調。因為其他人總會在奇怪的地方添加葡萄乾或核桃等食材，他們也不明白「惡魔蛋」（譯註：deviled egg，美國經典小吃，將水煮蛋剝殼對切，挖出蛋黃與美乃滋或芥末醬混合後填回）不會因為加入洋蔥而變得更美味；還有肉丸裡永遠不該出現蘑菇塊。感到悲傷或憂慮時，我們也會尋求「療癒食物」，因為這些食物在每個人的飲食歷程中不只撫慰人心，還帶來安全感。

享用美食能滿足五感，準備食物也是。我生命中的每個聖誕節都會和家人一起製作薑餅人，這跟購買現成的感受完全不同。正如美國知名廚師卡拉．霍爾在我的Podcast上所言：「和旁人分享麵包時，掰開麵包遞給對方是一件事，一起製作麵包又是另一件事。」

在品嘗味道方面我可能不是行家，但我知道與所愛之人共享美食是最能讓我感到幸福的事，沒有任何事情能帶來同樣效果。

寫下味覺大事記

法國文豪普魯斯特曾在《追憶似水年華》中描述將瑪德蓮蛋糕浸泡在茶水中吃下後，蛋糕香氣讓他被湧現的童年記憶淹沒的場景。如今「普魯斯特現象」泛指由感官引發的強烈情感記憶。雖然普魯斯特的「瑪德蓮瞬間」常與嗅覺帶來的力量有關，實際上普魯斯特在描述瑪德蓮蛋糕嘗起來如何這方面投注更多精力和篇幅。

回顧自己的兒時記憶，我立刻想到「溫斯特德」這家位於堪薩斯城的漢堡連鎖店。我坐過店裡的每張椅子、摸過每份塑膠菜單，還從每個餐巾盒中抽出過紙巾。每當媽媽不想煮飯或那天特別忙碌時，全家人就會去那裡吃飯，這對我來說就像吃大餐一樣開心。我總是點同樣的餐點，但多年來已經從溫斯特德單選餐進化到溫斯特德雙選或三選特餐，只是依舊堅持著不要放漢堡麵包。

溫斯特德是我們家族回憶和身分認同中非常重要的象徵。每次我或伊莉莎白回堪薩斯城時，一定會在抵達的第一天就去那裡用餐。我們也一定會在綠色的招牌前留影，還會熱情教導自己的小家庭成員也愛上這家餐廳。我無數次聽見爸爸在點餐時說：「請給我一份溫斯特德雙選餐，什麼都加，除了乳酪。」每次吃下溫斯特德扁平、扎實又辛辣的漢堡時，我就覺得和家人的聯繫變得更加緊密。一個小小的漢堡卻帶來神奇的力量，這無疑是味覺賦予人類的超能力之一。最近一次拜訪溫斯特德時，我還偷偷帶走一本菜單當作紀念品。

在普魯斯特和溫斯特德餐廳的啟發下，我決定整理自己的味覺記憶並以時間軸的方式呈現，類似味覺大事記。為了喚起記憶，我會試圖回想某個時期最典型的味道（那個時期我最常嘗到的食物和飲料）或最獨特的味道（那個時期我最喜歡的食物和飲料）。

童年時代：

- 溫斯特德的漢堡、薯條、洋蔥圈和巧克力奶昔：我們每次來都會點這些，直到現在還是如此。
- 果醬吐司餅乾：我和伊莉莎白最喜歡草莓口味，但只有去拜訪爺爺奶奶時才被允許吃這些零食。
- 媽媽的烘肉餅：我最喜歡的食物之一。
- 爸爸的瑞典鬆餅：每次做這道菜時他總會一臉正經地宣稱：「這味道就跟

我小時候鄰居巴格爾夫人做的一模一樣。」我很高興自己能和爸爸的童年產生連結。

- 全穀物金色脆麥片：這個超甜麥片是我多年來上學日的早餐。

大學和法學院時期：

- 白俄羅斯雞尾酒：大一的時候，我經常和室友製作這種甜膩的重口味飲料。
- 那不勒斯披薩店的米布丁：我就住在這家最受歡迎聚餐地點的對面，他們家的米布丁遠近馳名。
- 薩巴塔餐廳的桑格利亞水果酒和墨西哥玉米脆片：跟所有大學生一樣，我們總是在尋找免費的食物。只要不斷續點香甜又便宜的桑格利亞水果酒，就可以得到免費的玉米脆片。
- 約克賽德披薩店的希臘沙拉：這道沙拉的特點是提供大塊的菲達起司和額外的黑橄欖，只要我在紐哈芬市一定會去披薩店點一份。
- 思樂寶無糖蜜桃冰茶：當然，怎麼能錯過這個。

女兒們的童年：

- 嬰兒食品：我三不五時會偷嘗一口。
- 培伯莉起司小金魚香脆餅：女兒們很喜歡這些可愛的橙色金魚形狀餅乾。
- Cheerios全穀燕麥圈：這款O形麥片也是我非常喜歡的零食。
- 「健康的」蘋果鬆餅：待在女兒們幼兒園對面的咖啡廳工作時，我總會點一份令人無法抗拒、美味又綿密的鬆餅。
- 多穀物麥片格格脆配莎莎醬：這是我唯一發明過的料理。我一直在尋找能和莎莎醬搭配、又比墨西哥脆餅健康的食物。格格脆麥片讓我有了靈感，雖然必須承認外觀看起來並不吸引人，但真的非常美味。

現在：

- 起司格子鬆餅：每天早上我會打開電動鬆餅機，預熱後將兩顆雞蛋與切達起司攪拌均勻後倒入鬆餅機。幾分鐘後，棕黃酥脆的起司格子鬆餅就大功告成。
- 杏仁：我喜歡各種杏仁果，不管是生的、烤的、鹹味還是原味。
- 白花椰菜和綠花椰菜：這兩種菜我百吃不厭，但更偏愛白花椰菜。

- 科布沙拉：我不喜歡吃混合各種食材的食物，卻非常喜歡科布沙拉。
- 冷凍覆盆子：我喜歡覆盆子，而且冷凍過後的覆盆子更容易保存。

光是問自己一個具體的問題如「還記得某個特定時期的味道」就能幫我喚起陳封的記憶。我甚至不需要去買這些東西來吃，只要回想起味道就夠了。

我決定打電話給伊莉莎白一起回憶，「還記得每次開整天的車去北普拉特時，我們在車上必吃的全麥點心餅乾嗎？」

「沒錯！還有切達起司餅乾。」她提醒我，「我們都會帶一整盒。」

「你還記得什麼？」

「媽媽做的豬排。每個禮拜都會吃一次，我非常喜歡，但長大後再也沒吃過。」

「對，我也記得。」

「你還記得爺爺奶奶來玩的時候，他們是怎麼帶咖啡蛋糕過來的嗎？」

「當然記得，放在那個黃色的罐子裡。」我已經幾十年沒有想起那個舊蛋糕罐，但它依然存在記憶中。我忍不住笑了出來。

「你知道我還記得什麼嗎？」

「什麼？」伊莉莎白問。

「你有多愛吃奶油！」

「哈哈，現在仍然如此。」

「我記得你都會在蘇打餅乾抹上奶油後放進烤箱裡讓它融化，有次烤箱還著火了！我們嚇得大喊爸爸，他過來後像三隻小豬故事裡的大野狼一樣，咻地一下就把火吹滅了。」

「嗯，這可能發生過不止一次。」伊莉莎白笑著承認。

回憶懷念的味道讓我感覺與伊莉莎白和自己的過去更親近，因為這些記憶只有我和她才懂。研究顯示，懷舊會讓人減少孤獨感和感覺更快樂。

回憶完自己的童年味覺，我很想聽聽女兒們的味道記憶。

「想一下，小時候哪些味道讓你印象深刻？」有天午餐我們正在享用杰米的最新菜色洋蔥塔時，我問艾莉諾。

「印象最深的是在我的生日派對上，我們會買大盒的水果圈圈麥片和紅甘草糖，將兩種零食結合在一起做自創好吃又好玩的『水果圈圈項鍊』。」她想起過去一臉開心地說，「大家都愛死這個小零食。」

「那真的很好玩。」我笑著說。「還有什麼嗎？」

「我記得有很長一段時間，我會把花生醬抹在全麥吐司上當早餐。還有，我吃了很多葡萄乾。」

「葡萄乾？」

「你不記得我們會用金色罐子裝葡萄乾嗎？我還會用自己的小杯子舀出來吃。」

「天啊，我居然忘記葡萄乾的事！我想起來了，葡萄乾把所有東西都弄得黏黏的。」

之後我打電話給伊麗莎，詢問她的味覺記憶和故事。

「你離家去上大學時，最想念家裡的什麼味道？」我問。

「帕馬森起司。」她毫不猶豫地說。「在家時，我可以隨時隨地用我喜歡的方式吃。」確實如此，由於伊麗莎的關係，家裡的冰箱隨時都有各式各樣的帕馬森起司。「還有，」她補充說，「我小時候晚上睡不著，你都會幫我準備熱牛奶，我記得那個味道。大概是六歲吧，那時我總是睡不好。」

我已經完全忘記伊麗莎無法入睡的那段時間，但在微波爐中加熱牛奶並撒上香草和肉桂的記憶逐漸浮現，還伴隨著我那時身為養育年幼孩子的母親的感覺，以及眾多的不眠之夜。

在所謂「記憶凸點」心理現象中，成年人往往對發生在十五歲至二十五歲之間的事情印象最深刻。經過這些日子細緻地關注五感之後，我發現自己從生命洪流中找回許多記憶。大腦一直妥善保存著這些記憶，但我從未想起，直到現在隨著味覺開始提取記憶，一切也慢慢浮現。重溫舊時的味道讓我非常開心也很懷念，因為生命中許多事物早已改變甚至消失。

正如普魯斯特在思考茶和蛋糕味道時觀察到：

物換星移，當人逝去和所有可觸碰的一切都消散後，遙遠的過去將不存在任何東西，唯獨事物的氣味和滋味能如同靈魂存留下來。在萬物儼然成為廢墟時，氣味依然對往事懷抱著希望和寄託，靜靜等待屬於它們的時刻。氣味，微小且難以捉摸，卻支撐起巨大的回憶堡壘。

每次回堪薩斯城我都會去光顧溫斯特德，並且總是想著：「在我改變這麼多後，它怎麼還能一如既往，彷彿未受時光摧殘？」我知道，即使有天溫斯特德結束營業，但只要聞到炸薯條的味道，自己依然能想起那些美好的時光。

學會欣賞番茄醬和香草精

從我最喜歡的餐廳是家小餐館，就可以得知我並沒有熱愛嘗鮮的味蕾。但現在我發現另一種能從味覺中找到快樂的方法：訓練自己欣賞廚房中的各式味道。如同研究視覺讓我發現長期以來被忽略的美好，味覺也能如此應用，我決定探索兩種熟悉又美妙的味道。這兩種味道非常受歡迎，但由於過於普遍和便宜所以經常在打折，或是被視為廉價的代表。

猜猜看是哪兩種味道？沒錯，番茄醬和香草精。

大家都喜歡番茄，它是世界上最多人消費的食物之一。無論將番茄引進哪個國家，當地人都會將其加入菜餚。美國最受歡迎的蔬菜排行榜中，番茄僅次於馬鈴薯。鮮紅、黏稠且美味的番茄醬是食用番茄最受歡迎的方式之一。番茄醬據信始於中國，如今番茄醬每年售出約六點五億瓶，高達百分之九十七的美國人家中冰箱都有一瓶。

但我們很少認真思考該如何使用番茄醬，很多人甚至將它當成能蓋過任何難吃食物的調味料。事實上，番茄醬的味道非常複雜。知名的「亨氏番茄醬」是極少數能同時包含五種黃金味覺的食品：即甜、酸、苦、鹹和鮮味。這種擁有五大味覺的神奇配方或許可以解釋為什麼番茄醬除了本身就很美味外，還能作為許多廣受歡迎菜餚的祕密成分，如燉辣肉醬、烘肉餅和快炒等。除此之外，番茄醬在許多醬料中也扮演不可或缺角色，如波隆那肉醬、烤肉醬、甜酸醬、俄式沙拉醬和千島醬。

儘管如此，番茄醬仍帶有汙名。某次商務午餐，同事提到晚上要去泰國餐廳吃飯，我告訴她：「猜猜我剛學到什麼！美國的泰式炒河粉主要成分是番茄醬，所以泰式炒河粉基本上就是番茄醬麵。」她聽完後有點不高興。

我過去自以為很瞭解番茄醬，這次的五感實驗讓我決定重新認識它。回家後我從冰箱拿出亨氏番茄醬，擠了些在湯匙上後輕輕嘗了一口。嗯，亨氏番茄醬確實能滿足五種基本味覺，而且在口中衝擊味蕾的爆炸性餘韻也讓人驚豔。我非常喜歡番茄醬濃厚油亮的色澤與厚實的質地。

我試著想出其他也包含五種基本味覺的食物，絞盡腦汁後能想出的最佳答案是「瑪格麗特雞尾酒」。它完美地結合杯子邊緣的鹽、龍舌蘭糖漿或橙酒的甜、萊姆汁的酸和龍舌蘭的苦。不過，沒有鮮味。

於是我上網徵求更多同時具備四到五種基本味覺的食物，得到許多答案：

- 切達起司蘋果派
- 糖醋排骨
- 河粉：取決你加入什麼配料
- 鹽餅乾加上蜂蜜和重乳酪

- 泰國紅咖哩飯
- 伍斯特辣醬
- 羅望子果（又稱酸豆）
- 印度米豆粥（譯註：Kitchari，阿育吠陀醫學中一種傳統的排毒食品，由綠豆、白米及各種香料製成）

我發現家中就有現成的食品可以測試，立刻滴了幾滴棕色的伍斯特辣醬在湯匙上嘗了嘗。果然，有酸、甜、鹹和鮮味，但我不確定是否有苦味。

發現番茄醬和伍斯特辣醬的魔力讓我迫不及待奔向下一個主題：香草（或者更確切地說是香草精）。香草精是每個人廚房的必備材料，我幾乎每天都會使用。

我很喜歡香草精，它是世界上最強大的味道之一，但諷刺的是，香草這個詞有時卻被用來描述平淡無奇的東西。

我們常認為香草是屬於甜點的味道，如烤布蕾、西米露布丁、香草冰淇淋或香草威化餅乾。它也經常與巧克力、焦糖和椰子等味道搭配，因為香草精能平衡甜味、掩蓋苦味和增加奶油味，讓整體的味道變得更美好。西方世界總把甜味和香草精畫上等號，導致我們習慣在食品中添加香草精讓食物變得更甜——儘管香草精本身一點都不甜。在東亞國家中，香草精通常則用於鹹的食物上，當地人比較少體驗到香草精帶來的甜味效果。

在重新認識香草精的過程中我發現，儘管很喜歡帶有香草味的食物，我卻沒有嘗過香草精本身。於是我走向廚房拿出瓶子，小心翼翼在舌頭上點了一滴。瓶中飄出的香味令人愉悅，但滴在舌頭上卻是酒精的味道（帶著香草味的酒精），有種刺激的苦澀和灼熱感。事實證明，我沒有嘗到任何味道是正常的，因為香草精本來就沒有味道。很多人料理時習慣添加香草精，其實加入的是一種愉快的「氣味」，而不是味道。

最令我驚訝的是原來我們可以接受超乎想像的香草精分量。大多數調味料與食物搭配時，都有效果最佳的特定添加分量（如幾滴、幾茶匙），過多就會走味。但香草精不然，即使在高濃度下依舊能保持好味道。為了測試香草精這個特點是否屬實，我先舀了一勺希臘優格放入碗中，然後沒有像往常那樣只加入三滴薄薄的棕色香草精，而是倒入滿滿一大匙。我小心翼翼嘗了一口，嗯，味道仍然很不錯，但如果再多加一些，香草味可能就會太濃了。

從二十世紀開始，香草甚至成為香水的主要成分，如暢銷的經典香水「天使」，而我最喜歡的則是時尚品牌Tom Ford推出的「菸葉香草」香水。

停下腳步反思時，我發現看似平凡無奇的番茄醬和香草精卻能為我帶來愉悅的心情和深刻的味蕾饗宴。在無須離開廚房的情形下，我已經找到屬於自己的味覺大冒險。

理解味覺差異

在世界上行走，五感會根據現況適時向我們發出如何及何時該採取行動的提示與線索。

就味覺而言，我經歷的線索遠比其他人有限，因為我對食物味道的適應性不高，對探索新滋味也不感興趣。在寫作小組裡我認識了《巴勒斯坦餐桌》和《阿拉伯式餐桌》的作者莉姆．凱西斯，聽她描述對食物和味道的熱情讓我意識到自己在關注味覺知識的貧乏及不用心。

「我想體驗看到的一切，我喜歡藉由品嘗食物來探索不同文化。」她告訴我，「就像閱讀非裔女作家奇瑪曼達．恩格茲．阿迪契的代表作《美國佬》之後，我就對奈及利亞美食非常感興趣，很好奇像加羅夫燉飯（Jollof Rice）的味道。」

「所以看到別人吃東西，你會想親自去嘗嘗？」我好奇地問。

「沒錯！但我想每個人都是這樣吧。如果你看到、聽到或讀到有人正在嘎吱嘎吱地吃著酥炸雞柳條時，大腦會告訴你：『我現在也要吃。』」

「這從沒發生在我身上過。」我嘆了一口氣。

「你看見別人吃東西從來不會想要嘗看看嗎？」她驚訝地反問。

「不會。」我老實地說，「從來沒有想過。」

這次談話讓我認真思考為什麼自己和莉姆的反應如此不同。好吧，我想也許該接受我就是不喜歡嘗試新口味這個事實。但後來我想到，會不會是因為我早已過度適應了味道。我嗜吃各種甜食，從餅乾、糖果、冰淇淋、早餐麥片到直接從盒子裡取出紅糖食用。成長過程中，每年我們都會烤德式巧克力蛋糕慶祝爸爸生日。我清楚地記起小時候總會跟自己說：「長大後，我要做專屬自己的德式巧克力蛋糕！這樣就可以盡情地先吃奶糊、然後糖霜，最後解決整個蛋糕。」當「淇淋巧酥冰淇淋」上市時，我簡直不敢相信世界上有這麼美味的食物。正如法國美食家薩瓦蘭所言：「發現新菜餚比發現新的星星更能帶給人類幸福。」

多數人都喜歡甜食，但我不僅是喜歡，而是只要嘗到甜味就停不下來，是近乎瘋狂連自己都無法控制的狀況。我會用盡各種藉口跟自己說：「現在先吃一點，等下也可以吃一點。二個、三個、四個，還可以再吃一些吧。今天是我的生日。這個情況很特別，值得慶祝。再吃一口。再吃一點點就好。再來一點吧。」

直到十幾年前，我發現一個簡單的方法不但能重塑我的味覺靈魂，還能克服嗜糖這個壞習慣——非常簡單，我戒掉了甜食。

但這並不是我的本意。某年家庭旅遊時，我碰巧讀到美國知名科普作者蓋瑞・陶布斯的著作《面對肥胖的真相》。這本書引起我的興趣，它探討了胰島素在人體內扮演的關鍵角色，自從伊莉莎白被診斷出患有第一型糖尿病以來，我開始努力瞭解關於胰島素的各種知識。

我在兩天內讀完這本書，發現許多在全球蔓延的疾病，如癌症、第二型糖尿病、高血壓和心臟病都與吃下的碳水化合物數量和品質有關。這些碳水化合物中，很多都是以糖的形式存在。糖，是讓人沉醉的合法毒品。

這本書讓我大夢初醒並決定改變多年來的飲食習慣，那時我們住在飯店，菜單上有許多選擇，我可以立刻進行飲食改造計畫。下定決心改變的第一個早上，我沒有如往常吃著飯店提供的標準早餐——麥片、脫脂牛奶和水果沙拉，而是帶著一絲不安選擇炒蛋，還吃了蛋黃。從那天起我就盡量避免吃含糖及高碳水化合物食物，如穀物和澱粉類蔬菜。

從決定改變之初我就發現這種飲食型態深得我心，我非常享受這些食物。不僅如此，改變飲食還帶來額外好處，我的血液檢查結果非常好，在兩餐之間也不再感到飢腸轆轆。最重要的是，我擺脫對食物令人心力交瘁和無意義的渴望。停止吃糖後，我再也沒有想吃糖的慾望，這讓我非常欣慰。有時捨棄些東西，得到的更多。

雖然五感可以讓心情快速轉變或以愉快的方式轉移注意力，但有時我們仍會以不健康的方式換取感官帶來的刺激，如味覺。畢竟太多人無法抗拒地放縱自己沉浸在味覺深淵的衝動。幾千年來，為了讓食物更安全、美味和營養，人類不斷以烹飪、煮沸、研磨、烤炙和碾磨等各種方式料理食物。過去我們需要努力收集、準備、購買甚至是咀嚼食物，但現在各式超強的加工食品讓人無法抗拒。因為食品業的專家在設計產品時，是以讓食用者能感到回味無窮的「幸福感」為目標，這樣才能提升回購率。

戒糖時，我發現自己屬於「戒斷者」，這意味我在面對強烈誘惑時，澈底地戒斷比適度放縱更能帶來成效。舉例來說，我可以完全不吃OREO餅乾，但只要吃了一個，就會想再吃十個。對我來說，完全不吃更容易。相較之下，「節制者」在這方面就表現得很好，強大誘惑出現時，他們的適時放縱卻能帶來更好的效果。朋友問我：「如果再也不能偶爾嘗嘗布朗尼蛋糕，生活還有什麼樂趣？」我回答說：「我知道無法一概而論，但對我來說，不吃布朗尼蛋糕帶來的快樂遠大於任何布朗尼本身所能提供的。」

我常聽到別人跟我說：「戒糖是不可能的，因為誘惑無所不在。」所以我對自己如此輕鬆就成功戒糖感到困惑。我在一夜之間放棄甜味（真的，包含大多數碳水化合物），並從那時起沒有太費勁地遠離糖分，但是我過往對甜食的喜愛如此強烈，為什麼能不受環境誘惑輕易地捨棄甜味？最後我找出了答案，針對五感計畫的研究發現告訴我：大腦不會報告客觀的事實，反之，大腦告訴我需要知道的資訊，而這些資訊與他人的認知無關。

戒糖前我都會被麵包店飄出的誘人氣味或商店櫥窗裡美味的糕點誘惑，更無法漠視家裡冰箱中的冰淇淋。但戒糖後我發現，自己再也沒有注意過甜美的香味和誘人景象帶來的暗示。不再吃含糖食物後，大腦和感官逐漸適應並停止傳達任何關於甜味的訊息，誘惑消失了。改變味蕾，世界嘗起來也不再一樣。於此同時，發現每個人的味蕾存在如此巨大的差異也讓我訝異。

現在只要願意，我隨時可以將注意力轉移到自己有興趣的食物上重塑味覺體驗。由於受到莉姆的熱情感染，路過位於曼哈頓市中心的複合式市集時，我頭一次有想進去嘗試新東西的念頭。在寬闊明亮的後現代工業風市場內漫步，比起食物更讓我興奮的是這裡蘊含眾多可能性的氛圍，我看到世界的浩渺和歷經淬鍊與沉澱的各地飲食文化。我特別喜歡欣賞成堆五顏六色的水果和蔬菜，和用力吸入一口代表植物生命的新鮮泥土氣息。瀏覽完市場內眼花繚亂的商品後，我從冷藏櫃中拿出一瓶玻璃罐，準備將這個陌生食物帶回家慢慢品嘗。

「你在吃什麼？」艾莉諾走進廚房時，我正津津有味地吃著新買的食物。

「醃製酸黃瓜。」我念著標籤上的字，「成分有黃瓜、櫻桃蘿蔔跟辣椒粉，要來一點嗎？非常美味喔！」

「醃製酸黃瓜？我想你買的應該就是普通的醃黃瓜。」她善意地提醒。

「真的嗎？我已經很努力做出有趣的選擇了。」我有些沮喪。看來，試圖進行味覺大冒險這一途，我還有很長的路要走。

比較各種食物的差異

為了提升我貧乏的味覺知識和感受，我積極報名各種體驗營，包括花兩天參加伊利諾州獨立香料製造商「富那國際公司」推出的「風味大學」課程。我和其他七十五名同學（大多是專業的味覺獵人）一起學習身體是如何感受和評估味道，以及製造商如何發現最新的飲食趨勢（畢竟每個人都想發現下一個風靡大眾的南瓜香料）。

課程中，我最喜歡的活動是比較各種食物的味道。我摒棄平時的飲食習慣，敞開心胸試圖分辨出各種蘋果醬、早餐棒、牛奶、糖果和烤肉口味洋芋片間的差異。

我還嘗試自己進行比較，一天下午特地前往附近的高級超市準備購買起司。很多人熱愛起司，但我不確定自己喜歡哪種類型，或者該說，起司到底是什麼味道？超市裡琳瑯滿目的起司讓我瞠目結舌，無意中聽到其他顧客和店員討論該選購何種起司的複雜對話也讓我不知所措。於是我幾乎沒有猶豫太久就決定購買第一眼看到的起司：葛瑞爾起司和山羊起司。

回家後，我坐在廚房桌前，切下一塊淡黃色的葛瑞爾起司放進嘴裡。它的質地結實又有嚼勁，雖然有些偏乾，但帶有鹹味和堅果香氣的口感令人滿意。我愉悅地繼續吃了幾口，拿起杯子喝了點水重新調整味蕾，準備嘗試山羊起司。

咬下薄薄的山羊起司時，我發現山羊起司的可食用外皮嚼起來感覺很不錯，而且比葛瑞爾起司柔軟又非常濃稠。我喜歡這種質地，可惜它的土味和羊腥味讓人有些反感。

品嘗完我想起來，其實這兩種起司我都吃過，但當時並未特別留意滋味所以毫無感覺。現在我知道了，我喜歡葛瑞爾起司，但不會再買山羊起司了。

幾周後，我用同樣的過程來比較橄欖。我很喜歡橄欖，卻從來沒有弄清楚自己最喜歡哪種品種，於是買了一小罐混合橄欖放在廚房桌上，按品種將橄欖進行分類。我先坐下慢慢欣賞它們閃亮、光滑、優雅又色彩鮮豔的外觀。

我一個接著一個地吃著橄欖，並忠實記錄下感受。我一直認為橄欖的味道無非就是平日隨處可見的普通橄欖味，所以發現橄欖有這麼多種不同的味道讓我非常驚訝。品嘗過後總結如下：我不喜歡切里尼奧拉大橄欖的酸味後韻，雖然非常愛它那代表性的顏色（大家所謂的「橄欖綠」，指的就是切里尼奧拉綠橄欖這個品種），我也不喜歡小巧、棕色的尼斯橄欖，因為它帶有苦味。我十分喜愛西西里綠橄欖（Castelvetrano）耀眼亮綠色的外表，儘管它們的口感並不令人滿意。最後一向缺乏創意的我，決定自己最喜歡的橄欖品種是經典的卡拉瑪塔，它深紫色的外表、光滑的表皮、緊實的口感以及豐富微鹹的餘韻讓我著迷。

只要仔細關注自己的感受，過去對於「起司」和「橄欖」的混沌印象開始變得清楚而明確。就像戴上眼鏡後，模糊的環境霎時清晰無比。此外，進行同類食物的差異比較也讓我更瞭解自己，不再隨波逐流跟隨世人的喜好和推薦。我相信，塑造出越接近自己品味的感官世界，我就能越享受這個世界。

這項計畫帶來的種種樂趣讓我萌生一個新想法。古代哲學家和當代科學家一致認為，強大而緊密的社交連結是創造幸福的關鍵。與他人建立關係可以提升幸福感、延長生命、增強免疫力並降低得到憂鬱症的風險，但這需要時間和努力。

雖然我喜歡和朋友相聚，卻很少出現想邀請別人來家裡聚會的念頭。現在想到一種能讓我非常樂意主辦晚宴的方式，也就是邀請朋友來，並在普通的聚會上加點小創意。分享和討論食物是與他人建立聯繫並瞭解彼此的好方法，我決定舉辦「品味派對」。杰米也很喜歡這個主意，我們準備邀請兩對夫婦來參加一小時的味覺體驗。

客人抵達前我進行了簡單的佈置，我購入許多小杯子和湯匙，並在不同杯子上寫上「A、B、C」後將食物和飲料樣品依序排好。我選擇的食物包括天然食物和加工食品，還會讓大家比較相同食物不同的口味以及某些特殊的味道（本著研究精神，我取消不吃碳水化合物的原則）。

入座後，每個人面前都有兩個盤子，上面擺滿各種裝著食物的小杯子。

「每個人先嘗嘗不同的味道，接著來做比較。」我解釋著，「如果想在品嘗不同食物間讓味蕾恢復敏銳度，桌子中間有原味餅乾和水可以飲用。首先我們來比較洋芋片，每個人面前都有A、B、C三個選項，先試試A。」

我們六個人都把A杯中的洋芋片塞進嘴裡，咀嚼一會兒後，辯論開始。

「味道不錯，繼續加油。」
「沒錯，很棒的洋芋片。」
「不，它太鹹了。」
「嗯，過鹹。」
「味道不錯但有點無聊。」
「這是美國銷售第一的洋芋片。」我揭曉謎底，「樂事經典口味。」

經過一番比較，我們最喜歡樂事洋芋片，不喜歡7-11的自有品牌Kettle洋芋片（有奇怪的霉味又過於油膩）和全美第三受歡迎的品客洋芋片（吃起來很酥脆，但完全沒有馬鈴薯的味道），不過現場還是有幾位品客的粉絲，他們對這個缺點倒也坦承不諱。

接下來試吃原味杏仁和腰果。我很驚訝大家竟然對杏仁這麼友愛，不管是味道、質地和餘味都給予極高的評價。「杏仁不要多吃，吃第一顆的時候味道最好。」一位朋友觀察後道。

再來是品嘗兩種不同品牌的牛奶巧克力棒。有位朋友把第一塊巧克力送進嘴裡後立刻宣佈：「這是好時的巧克力棒。」

「你怎麼知道？」我驚訝地問。

「好時有一種特殊的味道，絕對錯不了。」

雖然我們一致認為另一款巧克力棒吃起來更滑順和濃郁，但也有人覺得這兩個牌子都太甜了。

下一個品項是放在小湯匙上，我說：「這是番茄醬，亨氏番茄醬是美國最受歡迎的番茄醬品牌，而且它非常了不起，同時包含五種味道：甜、酸、鹹、苦和鮮味。所以，試試看你們能不能嘗出五種味道。」

待我說完後，每個人都專注地品嘗眼前那一小勺番茄醬。最後，大家達成共識：亨氏番茄醬的確十分優秀。

「我從來不吃番茄醬，但這確實很好吃。」

「味道非常豐富。嘗第一口時，各種風味就出現了。」

「我現在能理解為什麼大家這麼喜歡它。」

「如果我不知道這是番茄醬，我會猜測是某種高貴的頂級食材，因為它嘗起來味道非常複雜。」

這真是個好主意，我心想。下次再舉辦品味派對，我要把燈光調暗讓大家摸黑嘗嘗番茄醬，看他們能否認出這個神奇的食物。

接下來的主角是三種蘋果，進行比較時，我會說出形容詞來幫助每個人去感受。「嘗起來有花香味嗎？」我引導著，「還是有點澀？或是過熟、鮮脆、多汁、有沒有果臘感、太甜和發酵味？」

我們邊吃邊討論，最後謎底揭曉，我們品嘗的是美國最受歡迎的三個蘋果品種。「第一片是加拉，這是最受歡迎的品種；第二片是排名第二的五爪蘋果，第三片是翠玉青蘋果，排名第四。」公佈結果時我很驚訝翠玉青蘋果如此受歡迎，因為對我來說它太酸了，但五爪蘋果口感又不夠清脆。

「好懷念的味道，小時候我常吃五爪蘋果。」朋友瞇著眼睛回憶，「每天放學後都會吃一顆喔，但現在幾乎完全不吃了。」

「我也是。」我說，「回家後會邊看電視邊吃蘋果，然後才開始做作業。」結束蘋果大挑戰後，我迫不及待地想向朋友們介紹下個挑戰。「現在試試這杯。」我舉起裝有金色液體的杯子。

「唔，我不夠成熟，不想喝那種顏色的液體。」杰米盯著杯子有些抗拒地說。

「試試看嘛。」我說，向他投去鼓勵的眼神，「看看你喜不喜歡，再猜猜看它是什麼？」

每個人都喝了一口，然後反應非常大。

「我的老天，這到底是什麼？」

「無法接受！」

「我一點也不喜歡這個。」

「這嘗起來像藥。」

「它有奇怪的酸味和甜味，感覺像金屬。」

「某種奇怪的人造果漿？」

「好吧，大家都不喜歡它。」我說，「但你們認為它是什麼？」

沒有人能猜到。

「這是紅牛能量飲料！它在一九八七年問世，當時紅牛創辦人對於大眾喜歡這個味道也很訝異。但紅牛熱銷全球，現在所有能量飲料都必須要有這種刺激的糖水味。」

「味道很怪。」一位朋友皺著眉但又喝了一口，「但或許可以說很有趣？」

「我也同意，我會想再喝一口。」我說。

有對夫婦帶來跳跳糖當禮物，我們決定以品嘗這種神奇的糖果為今晚的活動作個完美的收尾。小時候，我喜歡感受跳跳糖在手掌中靜靜待著，卻在舌尖上爆炸帶來的強烈對比。

今晚聚會我觀察每個人的反應後得到許多重要線索。有些人重視餘韻，有些人則重視香氣、質地、真實味道或清爽感。有幾個人（比如我）喜歡甜味，即使過甜也無所謂，也有人偏好很酸的食物。

最令人驚奇的是味道能喚起塵封的回憶，比如我們開始談論逢年過節會吃的食物、回憶以前同事的習慣和曾經造訪過的不同國家，還透露出自己的好惡，也聊到童年常吃的糖果。

「我喜歡糖果最主要的原因是，不同糖果肩負不同的回憶。」一位朋友說，「我其實不喜歡新英格蘭糖果糕點公司的威化餅乾，吃起來有奇怪的顆粒感，但它會讓我想起我媽媽。我媽總是把餅乾放在車裡，波士頓的夏天非常炎熱，但它們永遠不會融化。」

「這也是為什麼我仍然喜歡吃櫻桃泥巧克力派的原因。」另一位朋友補充，「它是屬於童年的味道。」接著，大家開始激烈討論著櫻桃泥巧克力派的優點。

進行口味盲測非常有趣。整個過程中，我們不僅僅是在社交，更是在分享體驗，我們開心地笑著、交談著，這讓圍坐在桌子旁的每個人都感覺更親密。因為是家人，所以我知道伊莉莎白小時候喝過醃黃瓜汁，但我很少有機會瞭解朋友的喜好和記憶。這次的品味派對和大家聊天的過程完全不尷尬，反而出乎我意料的溫暖與親密，還因此發現許多關於朋友們的小細節，有朋友對食物的質地很敏感，另一位則不喜歡大部分的水果。經過今晚的聚會，我更瞭解朋友們的真實性格。

結束清理餐廳時，我問杰米：「你玩得開心嗎？」通常來說，杰米不特別熱衷於參加這種活動。

「非常開心，而且我想每個人都是。這個活動很不一樣！哪天再辦一次嗎？」

「當然。」

下次，我可以在晚餐後提供咖啡或茶讓大家品嘗，或者舉辦烤肉會時提供不同的醬料，像是番茄醬、芥末醬、美乃滋或醋。在甜點方面，我要準備各種品牌的香草冰淇淋，讓大家決定哪個牌子最美味。這是個非常棒的計畫，我現在就要開始列出邀請名單。

分享食物帶來的記憶

品味派對的成功和其他實驗的結果告訴我，味覺確實能拉近人與記憶的距離。我想再辦一次這類活動，但必須以更有意義和親密的方式進行。

此時內心浮現出一個想法，我想透過味覺進一步瞭解我的婆婆裘蒂。多年來，除了她曾經提到的零散記憶外，我從未聽她描述童年味道，如果能瞭解婆婆的口味和回憶，我就能對她有更深入的瞭解。

而且我已經想到一個絕佳的地點。裘蒂從小吃傳統猶太食物長大，也非常清楚如何烹飪美味的猶太料理。紐約的「下東城」是眾多移民的發源地，其中最著名的就是猶太移民文化，還擁有許多道地又美味的傳統猶太食物。

我詢問裘蒂是否願意一同前往品嘗美食時，她熱情地答應，出乎意料伊麗莎和艾莉諾也要求同行。杰米的父母就住在離我們不遠的拐彎角，甚至不需過馬路就能抵達。於是某個陽光燦爛但不炎熱的美麗夏日，我們準備出門與裘蒂碰面前往市中心。我們剛走出大門就看見裘蒂迎面走來，她精力充沛，似乎準備好進行一場大冒險。

「我沒吃早餐。」裘蒂笑著說，「猶太食物很有飽足感，我們需要妥善地計畫。」

「沒錯，我們不如把食物分成四份，如此一來不但能嘗到更多品項，而且不會太快吃飽。」我說。

「從哪開始？」艾莉諾問。

「先去位於東休斯頓的約拿猶太麵包店。」我查看地圖後說。

我常聽人談論猶太餡餅，但從不知道它長什麼樣子或嘗起來如何。大家興致勃勃地朝下東城北邊的休斯頓街出發，尋找答案。

　　抵達後，我們擠在狹窄的店內看著整排的猶太餡餅發愣。原來猶太餡餅是麵團裡包滿馬鈴薯泥、番薯泥及蔬菜餡料，看起來非常巨大扎實。一番爭論後，為了不太快吃飽我們決定共享一個餡餅。這家店沒有座位，我們只好站在人行道上用塑膠叉子吃。

　　「很好吃！」伊麗莎說，「我喜歡馬鈴薯泥。」

　　「沒錯，馬鈴薯的味道很明顯，可是我沒有嘗到任何蔬菜味。」我說。

　　「還可以，但口味有點太重，吃幾口就膩了。我祖母做的更好吃。」裘蒂發表專業評論。「我祖母做的餡餅體積較小也比較清淡，主要是拿薄脆的油酥麵皮包裹美味的餡料，比如起司或鵝肝醬。還可以用酸櫻桃做成甜的餡餅，也非常好吃。」

　　吃完後我們沿著休斯頓街繼續往東走，來到老字號猶太熟食店「拉斯和女兒們」。這是家以煙燻鮭魚、魚子醬和貝果聞名的開胃小菜店。在約拿猶太麵包店時，我們是店裡唯一的顧客，現在卻不得不在移動緩慢的隊伍中排隊進入。

　　等待時我問裘蒂：「你來自哪裡？」多年來我約略聽過杰米提起家族的歷史，但不確定每位成員來自哪裡。並不是我不用心，而且在這方面我連自己家族成員的來歷也搞不清楚。

「我祖母來自烏克蘭的貝爾迪奇夫，曾祖母據說來自莫斯科。猶太人本不應該住在莫斯科，但曾祖母是著名的髮型師，為眾多有權勢的客人服務，所以破例被允許住在那裡。」

裘蒂接著描述住在費城和大西洋城時吃的食物。「我跟父母還有外公外婆同住。外婆負責做飯，她手藝絕佳。」她接著說，「她還會做水果餡捲、熱的羅宋湯和冷的羅宋湯，甚至會自製雞油在許多菜餚中使用。每當我們把一條大魚放進浴缸中準備讓外婆烹飪時，我就知道有重要節日即將來臨。」

「那條魚是活的嗎？」艾莉諾一臉好奇地問。「它在裡面待多長時間？」

「活的還是死的我已經不記得了，但確實是放在浴缸裡。」裘蒂笑著說。

「你母親下廚嗎？你呢？」我問。

「我母親有時會幫忙，但外婆的料理非常耗費心力，光是準備食材就經常需要花上一整天，我是直到成年後才開始對烹飪感興趣。還有，我們家不太在乎吃的食物是否符合猶太教教義，不但沒有嚴格遵守規範還做了些我認為其他猶太家庭不會做的事，例如每個星期五晚上親戚們會過來一起吃貝果和煙燻鮭魚。」

「哪種口味的貝果？」伊麗莎問。

「最普通的，畢竟那時也沒有其他種類可以選擇。」

當隊伍慢慢向門口移動時，我發現我們站在一個陳列著多種果乾的櫥窗前。

「不知道為什麼，我總覺得果乾是屬於現代的食物，當然它不是。」我說。

「小時候我吃了很多果乾，」裘蒂瞇著眼睛說，「尤其是燉梅乾，老人家都很喜歡這個。」

不知排了多久我們終於進入店內，貨架和玻璃櫥窗擺滿各種鮮奶油起司、燻魚、煙燻鮭魚和貝果。我們仔細研究放在檯面上塑膠框中的菜單，最後裘蒂為大家選了一款名為「瘋狂」的三明治。它是將切片的煙燻鮭魚、黑鱈魚和鱘魚夾在滿是鮮奶油起司的貝果中。我請店員把三明治切成四份，因為這份三明治夠大，所以切得非常完美。這家店也沒有座位，我們再次站在人行道上圍成一圈品嘗三明治。

「這個三明治太大了，我沒有辦法優雅地吃。」我邊說邊擦掉嘴邊的鮮奶油起司。

「我喜歡這個味道。」艾莉諾煞有介事地宣佈。

「很好吃，」我同意，「但太鹹了。」咀嚼三明治時，我試圖分辨不同食材的味道但徒勞無功。說實話，不管內餡是什麼嘗起來都很美味。吃之前，我一度擔心魚肉切片在嘴裡會有黏稠的不舒服感但完全沒有，也許是鮮奶油起司厚實、黏稠的質地和貝果的嚼勁改變了口感。

「今天吃的食物跟你小時候的一樣嗎？」我問裘蒂。

裘蒂想了一會兒才回答，「嗯，不太一樣。但確實是同種食物，讓我回憶起從前。」

等每個人都吃完四分之一份的三明治後，我又拿出地圖。

「下一站是哪裡？」裘蒂問道。

「歡樂糖果屋你去過嗎？」這是家位於下東城的老牌糖果店，經濟又實惠，我和伊麗莎、艾莉諾去過很多次。

「沒有，完全沒聽說過。」裘蒂搖搖頭。

「它真的很值得一去！是一家會讓時光倒流的店。」我興奮地說。

沿著街道走向里溫頓街時，我突然發現我好愛紐約這座城市。這麼多種類的食物、這麼多行色匆匆的面孔、職業、產品和努力生活的人們，此刻都在這裡發生。我想漫步在每條街道和長廊，推開每扇門吶喊：「再多讓我感受一些世界的美好，再多一些！」這座城市，現在，就在這裡。和我在一起。

走進歡樂糖果屋時，我在門口停了一會兒讓眼睛適應眼前混亂的景象。現今知名的糖果店風格都是時髦、高級和整潔有序，反觀歡樂糖果屋，呈現出來的是傳統、平價和雜亂無章的面貌。

我站在培根薄荷糖和巧克力ＯＫ繃等新奇產品前流連忘返，老派的飛碟糖和香菸糖也讓我非常懷念。這裡還有許多特色糖果，包括來自英國的糖果、以星際大戰為主題的糖果、任何裹上巧克力的糖果以及各種顏色的M&Ms巧克力豆。

「這些確實都是很傳統的糖果，我記得它們。」裘蒂開心地說。

「小時候你最喜歡什麼糖果？」我問。

「瑪莉珍太妃糖。」裘蒂說，「我正在尋找它們。」

「我知道。有花生醬和蜜糖口味，非常有嚼勁。」我笑著說。

結完帳後，我們前往科薩爾餐館品嘗猶太人的節日麵包「巧克力巴卡」和「烤猶太洋蔥麵包」，最後在潮人醃製專賣店做短暫停留。這家散發著鹹酸味的小店鋪內有將近四十個紅色桶子裝滿各種醃漬物品，從秋葵、芹菜、紅蘿蔔、甜菜根到蘿蔔都有。琳瑯滿目的食材讓我陷入苦思，在店裡繞了幾圈後我買了一罐醃黃瓜。結完帳，大家心滿意足地帶著戰利品啟程回家。

回到我們住的街區之後，我們母女三人向裘蒂告別。「今天很開心！」她微笑地說。「這跟去餐廳嘗試新菜餚完全不同。吃到懷念的食物讓我非常開心，小時候的記憶都回來了。」

每個人都非常享受今天的行程及時光，我們更瞭解裘蒂，還讓伊麗莎和艾莉諾對家族的歷史產生更深刻連結。我們共同探索紐約這座充滿故事的其中一個歷史街區，這是場富有教育意義的冒險。

「今天太棒了，我很開心有一起去。」晚餐時伊麗莎興致勃勃地說。

「怎麼說？」我問。

「我知道許多奶奶的童年故事，雖然細節不太清楚，比如那條魚究竟在浴缸裡活了多久。而且奶奶還說了曾祖母的故事，我知道曾祖母對她很重要但奶奶很少提起，奶奶今天願意跟我們分享，讓我覺得非常有意義也感覺更親密。另外，我確實很喜歡猶太食物。」伊麗莎認真地說。

「沒錯，我也更容易想像奶奶小時候的樣子和生活。」艾莉諾接著說，「感覺一切都變得更真實和立體。」

這些美好的感受都是對味覺超能力的讚美。

進行每日訪談及調查

為了更深化每日訪問大都會博物館的體驗，我決心妥善運用五感帶來的各種力量。幸運的是，大都會博物館除了展示藝術品外還擁有自助餐廳和咖啡廳。

這兩個地方總是人滿為患且大受歡迎，但我之前都覺得根本是畫蛇添足，我們來大都會博物館不就是該把時間花在欣賞藝術品上嗎？不過說實話，遊客確實容易感到饑餓或口渴，而且即使沒有，大家也喜歡坐下來吃吃喝喝，休息片刻。的確，想要走得更遠，有時必須停下來稍作休息。

和朋友或家人前往大都會博物館時，我經常建議大家坐下來喝杯飲料或吃點東西。跟艾莉諾參觀時也習慣坐在美國藝術區旁喝拿鐵，那時我才發現在美麗的地方享用熱飲竟是如此愉快。

但是當我獨自前往博物館時，味覺卻是五感中最不活躍的感官。首先是因為我不需要停下來休息，參觀博物館就是我的休息方式。其次，在家裡感到無聊時我常會拿點吃的或喝的當作消遣，但在博物館裡，我熱情擁抱無聊的時刻。

法國哲學家加斯東．巴舍拉寫過：「有些孩子會忽然離開正在進行的遊戲，跑去閣樓角落坐著無聊地發呆。當複雜的生活扼殺我每個正在萌芽的自由念頭時，我多希望有個專屬的發呆閣樓。」大都會博物館就是我的發呆閣樓，而且無聊帶來的效果顯著，我發現許多隱藏在乍看之下沉悶無比展品中的小樂趣。我學會欣賞古代賽普勒斯雕像呈現的奇異美感；還發現有趣的畫面，在一間奢華的法國時期房間角落，鍍金的豎琴旁擺著一座以天鵝絨覆蓋、有著絲綢襯裡的精緻狗屋。

某次為了找點事做，我前往參觀來自「艾盧西斯祕儀」的大理石浮雕。我對艾盧西斯祕儀十分好奇，也知道數百年來人們前仆後繼地前往希臘埃勒夫希那參加為期九天的儀式，試圖獲知某項重大的天啟。我非常驚訝的是，儘管幾個世紀以來有無數人前往參加儀式，卻從來沒有人洩漏那項天啟為何。時至今日，我們知道的也僅是儀式中誦讀、展示和表演用的物品。

我凝視著女神狄蜜特和女兒泊瑟芬以及一個小男孩站在一起的大理石浮雕時，不禁開始思考人類的本性。無論是地下酒吧、八卦會議、偵探女王阿嘉莎·克莉絲蒂的小說、朋友的醫藥櫃、針對宇宙起源的研究還是艾盧西斯祕儀，追根究柢都與一件事有關——人類渴望知道祕密。

我忍不住想：「守護祕密讓世界變得更有趣。」嗯，這是個非常棒的箴言。我喜歡箴言，一種擁有巨大真理的簡短文字。「我可以自己創作箴言！」我突然興奮地想著，我想寫一本箴言集。

對多數人而言，寫書並不是份輕鬆或有趣的工作，但我經常從正規的寫作行程中抽出時間撰寫有趣的題材，例如：〈我的色彩朝聖之旅〉、〈神諭〉和〈幸福年鑑〉，單純因為好玩和帶給我快樂。

過去我總擔心斜槓生活會讓我從「真正重要」的計畫中分心，也懷疑自己是不是在拖延創作？換句話說，我是否無意識地用副業來延宕主要計畫？畢竟，拖延是規劃工作進度最危險的方式之一。

但隨著時間和經驗累積，我逐漸看清這份工作帶來的價值。正如研究顯示：一個人創造的東西越多，就越有可能創造出有價值的事物。雖然不斷嘗試代表更多的錯誤和失敗，但也意味成功時將更有成就感。對我而言，保持充滿歡樂及創造力的方法，就是專注感官帶來的一切。

思緒猶如萬馬奔騰，我快步穿過展廳想跟上腦中飛躍的想法。或許是愉悅的心情使然，展廳裡每件作品的色彩都變得大膽又奔放。我瞬間做了個決定，我絕對要寫一本箴言集，我想立刻回到辦公桌前振筆疾書。

拋開視覺，提升味覺

猜猜五感最讓我著迷的特質是什麼？公佈答案：當某種感官的力量被削弱時，其他感官會立刻上前填補空白。

我不斷尋找檢測此種現象的方法，直到聽說有「無光晚餐」這項活動，完全正中下懷。位在市中心的餐廳「艾比蓋兒廚房」每周提供兩次無光晚餐，客人在用餐過程中必須全程戴上眼罩。官網上承諾：「在沒有視覺誘導下，用餐者的其他感官將大幅提升，食物的氣味、質地和聲音變得更加強烈和敏銳。」

我迫不及待想去試試，於是選了我、伊麗莎和杰米三人都有空的時間（用餐體驗中包括酒類，所以未成年的艾莉諾無法參加）。當天我們與其他十三名用餐者在餐廳的酒吧區等待冒險開始，我觀察著其他等候的人，發現這似乎是相當受歡迎的晚上約會活動。

「媽，你今天會吃碳水化合物嗎？」伊麗莎問。

「餐廳提供什麼我就吃什麼，來吧。」

一開始由餐廳老闆艾比蓋兒親自分發輕便的可調式眼罩，讓每個人能睜開雙眼但無法看見四周。接著大家依序走下陡峭的樓梯，戴上眼罩後被領進餐廳就座。我試著想像身處的環境：周圍有鳥叫的聲音，讓我感覺是在一座以白、綠為底色，有著格子圖案和植物的花園（後來發現，我錯得離譜）。

坐定後，艾比蓋兒引導大家取出放在面前小籃子中的熱毛巾擦拭雙手，接著服務生收走毛巾，活動正式開始。

菜單是完全保密的，所以杰米、伊麗莎和我在辨別吃下什麼食物這方面玩得很開心。第一道菜品很簡單：一小塊三角形的脆皮吐司，加了橄欖油、大蒜和大量的鹽。戴著眼罩進食讓我發現原來大家在咀嚼脆皮吐司時發出的聲音非常大。

接下來是裝在杯子裡的冷湯，很美味，我們猜是羅勒番茄湯。下一道菜是涼拌義大利麵沙拉，甜菜根和山羊起司的味道很容易辨認。黑暗中，我強烈感受到義大利麵光滑扎實的口感、甜菜根的鮮甜以及山羊起司濃郁的質地。幸運的是，今晚的山羊起司嘗起來很溫和，畢竟根據之前的味覺實驗結果，我並不怎麼喜歡山羊起司的味道。

「你覺得大家會偷看嗎？」伊麗莎悄聲問。

「當然。」

下一道菜上桌，吃下幾口豐富、肥美、有嚼勁的肉之後，我們確定吃的是牛排，但無法辨別盤中略帶酸味的食物。

「嘿，我遇到麻煩了！看不見讓我無法用刀叉切開食物和進食。」我壓低聲音道。「你們有誰也覺得很難拿到盤中的食物嗎？」

「我。」伊麗莎說。

「我用手了。」我坦承，「現在我知道為什麼前面要讓大家把手擦乾淨了。」

「沒關係，反正沒有人會看到。」杰米說。

「服務生可以。」伊麗莎說。「不要弄得太噁心。」

在吃完一個非常好猜的甜點——熔岩巧克力蛋糕加香草冰淇淋後，艾比蓋兒請所有人摘下眼罩。拉下眼罩環顧四周，發現我們坐在一間舒適、以淺色木頭裝潢的極簡風格房間，跟我想的完全不同。接著艾比蓋兒揭曉今晚的菜單，每個人都笑著驚呼：「噢，原來是這個！」湯品是青豆薄荷湯，主菜是鴨肉，我們猜不出來的神奇酸味是石榴。她解釋完後大家熱情地鼓掌，美好的夜晚結束了。

無光晚餐在鍛鍊味覺感受度上功不可沒。我學會慢慢吃，也懂得更仔細品味吃進嘴中食物的味道與質地，甚至學著該怎麼將食物送進嘴裡。經過今晚洗禮，我對品嘗每道菜不同的成分和調味都有長足進步。

此外，無光晚餐也對每個感官進行強化訓練。小房間充滿吵雜的音樂和談話聲，也許是為了幫助大家集中精神吃飯卻讓人很難聽到身旁人說的話。加上看不見杰米和伊麗莎，我不得不更仔細聆聽。最重要的是這個晚上非常有趣，是在家舉辦品味派對的升級版。我、杰米和伊麗莎在未知的冒險中度過十分美好的時光。

由於今晚是純粹的味覺練習，我思忖如果能事前知道要吃什麼，自己也許更能品嘗出食物的特殊滋味。在用餐完後的閒聊時間，艾比蓋兒告訴我們預約的時候很多人列出一長串不想吃的食物清單。她解釋，戴眼罩並不是要騙我們吃下不喜歡或討厭的食物，而是想讓大家專注在食物上，不要因為視覺而有了先入為主的觀念。

對我來說，神祕感雖然很有趣，但人類本質上對未知事物存在的戒心大大降低享受食物的樂趣。

無光晚餐除了帶給我全新體驗，還提供與所愛之人共享難忘夜晚的機會。此外我也意識到，過去自己通常不會注意某道菜餚的個別成分或調味，總習慣把它們當成一個整體來品嘗。今晚雖然少了視覺的輔助，卻讓我留意到每道菜餚的不同元素，特別是對食物鹹度和質地的感受比平時更敏銳。發現自己具備如此細緻的辨別能力讓我非常開心。

我向杰米和伊麗莎宣佈：「從現在開始，在餐廳點菜時，我會仔細閱讀每道菜的描述並欣賞每種成分和調味。」

「這是個好主意，」伊麗莎說：「我也要嘗試這樣做。」沒錯，越懂得關注，越能享受世界帶來的美好。

試著品嘗更多味道

準備離開「味覺」轉向體驗「觸覺」時，我發現這些日子以來自己的巨大變化。第一次的轉變是從眼科診所回家的路上，那天非常難忘是因為被醫生的話嚇了一大跳。緊接著突如其來的感官覺醒讓我震驚，也從此踏上重新認識感官的征途。

現在，即使從事與五感計畫無關的日常活動，我也會迅速開啟以感知為中心的偵測模式。無須刻意而為，我已經能不著痕跡地聞出酒行特有的木質香味、在書店靜靜閱讀時敏銳地發現音響傳出的是披頭四的〈太陽出來了〉，還有吃下酪梨沙拉時能嘗到淡淡的萊姆味。

發現種種被忽略的感受讓我有些難以置信，我曾以為感覺不可能被忽視，畢竟還有誰能比我更瞭解自己的喜好？但不可否認，過去的我，儘管讓舌頭嘗到滋味，讓眼睛看見美好，卻沒有讓大腦跟上腳步。

透過努力學習，現在我知道自己喜歡的是希臘卡拉瑪塔橄欖、不喜歡尼斯橄欖；喜歡綠花椰菜而不是花椰菜苗；喜歡看汽車雨刷從擋風玻璃上掃走雨水的過程；喜歡玫瑰的香味更甚晚香玉；就連家中更換新品牌餐巾紙這種小事也能立刻發現。

我對觀察生活和感受自我本性的想法越來越清晰和深刻。毋庸置疑，嘗試越多，帶來的感觸越多，也讓我更想去體會未知。不過，有時急於探索卻讓我違反常規和禮儀。有次我與一位不太熟的男士進行午餐會議，他的餐點中有份炸櫛瓜片，他吃的時候發出非常響脆的聲音。在還沒想出更禮貌的詢問方法前，我便脫口而出：「你吃櫛瓜片時好大聲，感覺很酥脆，一定非常美味！我也可以吃一片嗎？」

「當然。」他帶著驚訝的神情說。

他用湯匙把櫛瓜片放到我盤子裡時，我才意識到自己做了兩件非常失禮的事：一來指出他吃東西很大聲，二來讓還不熟的人分食物給我吃。

「謝謝，真的非常好吃。」吃完後，我尷尬地說道。唉，算了，於事無補。

在反思生活與味覺的關係時，我不得不承認雖然戒糖帶來更美好的生活，卻也失去了某些樂趣，我從此再也不會為女兒們準備令人開心的零食和飯後甜點。糖，確實讓食物變得更有吸引力和令人興奮，試想一下，亞當和夏娃會被禁忌的高麗菜誘惑嗎？

然而以我的個性來說，放棄從來不是選項。某種程度上，進行五感實驗是想改變自己一成不變的枯燥生活。我確實想過著不再需要糖分的日子，但同時也想讓更多調味、歌曲和色彩點綴生活。

努力敦促自己更深入接觸味覺後，我發現即使遲鈍如我，味覺依然賦予我超能力。味覺（或者更精準地說，滋味和食物）將我與當下和過去緊緊相繫，建構起難以忘懷的樞紐。未來，我想更關注這些連結，比如讓軟糖成為代表快樂的記憶，而不只是籠統地想到杰米有次度假期間吃了很多。這樣多年後的某個冬季，我可以帶一袋軟糖回家跟他說：「還記得我們那年夏天去海邊小鎮度假的事嗎？那次你吃了非常多的軟糖。」

味覺還幫助我加深與旁人的關係，就像聆聽婆婆述說童年食物後帶來的親密感，與朋友討論對食物的喜好後更瞭解對方。我也開始詢問朋友，甚至是剛認識的人的飲食歷史，諸如「小學時你午餐吃什麼」、「爸媽不讓你買但你最喜歡的垃圾食物是什麼」、「是否有在其他地方苦尋不到的家鄉味」、「你大學時最喜歡喝什麼」、「有沒有什麼食物是你曾經很喜歡，現在卻望之卻步？或者相反的例子？」大家都喜歡回憶往事，我也得以一窺每個人的生命歷程。

我終於懂得欣賞味覺提升每一刻、喚醒過去和加強人際關係的力量，也明白為什麼人類的記憶及傳統總與味道有關。我決心更關注味道帶來的生命力，不再心不在焉地面對食物，藍莓和雪酪讓我想起我公公鮑勃；「飛思卡汽水」則是讀書會的朋友們。我想利用這些相關的味覺探索深藏的回憶，並在想念的時候透過食物喚醒它們。

更重要的是我要認真保留每個重要節日的味覺記憶，例如杰米生日時要吃冰淇淋蛋糕、感恩節要吃烤地瓜等。傳統不僅有趣，更有助於維繫緊密的家庭情感。當然囉，我也不再把番茄醬視為理所當然。

杜爾迦女神
（擊殺牛魔王馬希沙者）
十四～十五世紀
尼泊爾

· CHAPTER 5 ·

觸覺的力量

大腦在我的手上，
和為什麼拿著這塊石頭是幸運的

我把大腦放在手上，手指就是我的實驗室，

我在那裡進行無數瘋狂的實驗。

——美國作家荷普·潔倫《樹，記得自己的童年》

TOUCHING

杰米經常做惡夢。

不是那種普通、不舒服的惡夢（比如我經常夢見找不到眼鏡），而是真正的惡夢。他醒來時會滿頭大汗，精疲力竭。有天早上，我從浴室出來時看到他站在臥室門口，向我伸出手臂。

「又做惡夢了？」我邊走近邊問。

「嗯。」杰米看起來很疲憊。

「沒事，都結束了。」我緊緊抱著杰米，把頭靠在他肩膀上說。我們靜靜地站在那裡，沉默許久。聞著杰米身上我最喜歡的味道（起床淋浴前味道最強烈），我什麼也沒說，只是用手輕撫他溫暖的背，試圖提供些安慰。

最後杰米表情緩和下來，長吁一口氣說：「沒事了。」

這是觸覺帶來的超能力。不像語言，有時只會削弱我們想表達的情感。我可以想像沒有視覺、聽覺、嗅覺或味覺的生活，卻很難想像沒有觸覺的日子。雖然眼見為憑，但觸覺就像是與現實最終的袓裎相見。基督教經典中有個故事，多疑的使徒「多馬」唯有在觸摸到耶穌的傷口之後，才確信耶穌真的復活。

剛開始研究觸覺時，我認為觸覺僅是跟聽覺和味覺一樣的背景感官。但隨著研究進行，我發現自己對觸覺其實非常敏銳，這是以前從未注意過的事情。

我從不知道自己如此喜歡撫摸天鵝絨材質的枕頭、喜歡從水煮蛋的光滑表面剝下蛋殼、用手指輕撫艾莉諾的長髮，以及喜歡把手壓在涼爽、潮濕、有彈性的苔蘚植物上——就連經過仙人掌時，我也想觸摸形狀各異的尖刺。除此之外我還非常喜歡按摩。儘管大都會博物館禁止觸碰藝術品，我仍努力尋找任何可觸摸的物品，如光滑的木質長凳或樓梯間的金屬扶手。

觸感與其他感官不同。眼睛、耳朵、鼻子跟舌頭屬於頭部，皮膚則覆蓋全身。眼睛用來看，耳朵用來聆聽，皮膚則是……人體專屬的外包裝。

說實話我很少關心皮膚，但如同身體的每個器官，皮膚的構造也非常精妙，是人體最大的器官之一，重量占體重的百分之十六左右，攤開後幾乎跟雙人床一樣大而且具有彈性和滲透力。人體皮膚有許多不同的型態與功能，例如腳後跟的皮層最厚、眼皮的最薄（眼皮約有百分之二十的透明度，因此早晨的陽光能喚醒沉睡的人）；還能長出毛髮和保持光滑。某些部位的皮膚非常敏感，其他部分就只能粗略感受外界的事物。皮膚在身體不同部位如同「莫比烏斯環」，外表和內部不斷翻轉但息息相關。

皮膚有許多「觸覺感受器」負責從身體各處收集資訊後發送到大腦，是複雜且龐大的探測系統。嘴唇與指尖比背部敏感的原因，就是擁有更多、更密集的觸覺感受器。

層層堆疊的觸覺感受器扮演非常重要的角色，不但有助於讓人感到快樂、避免疼痛、發現急遽變化的溫度、檢測出身體哪裡發癢或不舒服之外，還可以察覺不同物品的質地並支持其他感官。手，是最敏感的身體部位，其次是嘴唇和舌頭。性器官是得到快感的來源，但並不是因為它們特別敏感（指能產生非常細緻感受的能力），而是因為感受器被內嵌在大腦的獎勵迴路機制中。

感官對外界始終保持警戒，觸感也是如此。有趣的是，一旦訊息變成可以預期，五感就會解除警戒。比如蜘蛛爬過腳踝時的搔癢感會讓我跳起來，但我無法搔自己癢，這是因為腦部能預測即將進行的動作，隨之而來的刺激感就會降低。又或者是剛戴上最喜歡的羊毛帽感覺很緊，但緊繃感很快就消失。

觸覺還能取代或補充其他感官不足的資訊，比方人行道的導盲磚提醒行人通往街道的方向，振動鬧鐘運用振幅而不是鈴聲來喚醒貪睡蟲。時至今日，運用觸覺或使用高科技加強觸覺來吸引用戶已成為主流。就像清嗓子準備說話一樣，智慧型手錶會有禮貌地振動一下提醒我接下來還有行程，遊戲手把的持續振動則讓電玩中的虛擬爆炸更有真實感。

除此之外，觸摸物品也能讓心情愉快。在家裡眾多的咖啡杯中，我最喜歡一個大口徑、棕白色條紋的馬克杯，因為握著時手感最好，重量也剛剛好，還有最重要的是，倒入咖啡後杯體溫暖不燙，側面還有淺淺的漂亮波紋釉面。不只是我對手感有著特殊要求，我還能舉出更多例子。我公公鮑勃直到近幾年才心不甘情不情願地放棄黑莓機，因為他喜歡手指觸摸實體按鍵的感覺而不是在光滑的螢幕上滑動。

雖然人類用全身去感受萬物，但手能發揮特別的作用。我們描繪一個人的時候通常是從臉開始，如果不是臉，就一定是手。歷史上最早發現代表人類的圖騰，就是岩壁上的手印，如今，則是指紋和筆跡能定義我們的身分，就連使用表情符號時，我們也傾向使用與臉或手有關的符號來傳達想法。我們的語言中也有不少跟手有關的俗語，像是在面對難題時，我們希望「全員出動」（all hands on deck）齊心協力解決問題，或者採用更傳神的說法——立刻安排一個「全手出動」的會議（all-hands meeting）。（譯註：all hands 在這些俗語中代表全體員工）

人類用雙手探索世界，英國作家喬治．歐威爾寫道：「如果不能用手，生命將缺了一角。因為你無法體驗活著的樂趣。」舉幾個最簡單的例子：動物園和「觸摸式動物園」的體驗完全不同、看見樹墩時我會有想撫摸它表面粗礪紋理的衝動，還有用雙手拿食物吃的滋味更棒。關於觸覺，商店店員、老師和年幼孩子的父母都知道人類有多喜歡觸摸，博物館的警衛也不例外。有次在大都會博物館參觀時，我震驚地看著一位遊客輕撫黑色又光滑的哈克赫比特石棺（Sarcophagus of Harkhebit），猶豫該不該告訴警衛。但老實說，我也有過這種衝動，而且每次看到阿拉斯加原住民尤皮克人製作，有著人形樣貌與鳥、魚和海豹圖騰的面具時，我都心癢難耐地想去撫摸這些木製藝術品。

雙手帶來獨創力和創造力，正如兼具法師身分的日本作家吉田兼好的觀察：「我們拿起毛筆時，就想要書寫；手持樂器時，就想要演奏。」對我來說，則是鍵盤驅使我寫作。

觸摸商品是提高消費力的重要關鍵。線上購物雖然節省時間，但對許多人來說，能夠摸到實體才是購物的樂趣所在，頂尖銷售人員會誘導消費者觸摸商品，將商品拿在手裡感受重量和質地後，消費者會更願意購買甚至是買更昂貴的品項。

有天整理家裡大量的童書繪本時，我找到美國著名兒童文學作家桃樂絲・昆哈特（Dorothy Kunhardt）的經典作品《拍拍小兔子》。翻著陳舊的書頁，我依然能感受到小時候體驗過的單純快樂——摸著小兔子柔軟的毛、掀開光滑的小布片後摸摸書中爸爸刮過鬍鬚的臉，再把手指穿過媽媽的戒指。即使當時只有四歲，我還是能分辨出《拍拍小兔子》與其他童書的巨大差異，光是它呈現故事的方式就超乎普通的視覺限制。現在，我想與觸覺進行一場更親密的接觸。

「愛」的觸摸

綜觀觸覺代表的一切，其中最重要的功能是與他人接觸。在艾莉諾還小的時候，每次走路她都堅持要牽著我的手，還經常以迅雷不及掩耳的方式在我手上親一口。牽著她溫暖小手的觸感是那段時光最美好的回憶。

許多人對觸摸及被觸摸懷有強烈渴望，嬰兒更是特別需要充滿愛的撫摸來幫助正常發育。經常撫觸可以讓嬰兒體重增加得更快、睡得更好、較少哭鬧及擁有較強的抵抗力；相較之下沒有充足的撫摸會帶來嚴重的後果。研究顯示，一九八〇到九〇年代，在人力嚴重不足的羅馬尼亞孤兒院中長大的許多嬰兒，都出現生長緩慢及行為認知問題。

伊麗莎是早產兒，所以在醫院住了將近一個星期我們才能帶她回家。每天早上，在生理監視器、刺鼻的醫院氣味和熙來攘往護士的環伺下，我認真將雙手和胳膊消毒之後，溫柔地將她從保溫箱裡抱起來，依偎在我光溜的肚子上。我會輕柔地搖搖她好幾小時，充滿憐愛地望著這個弱小溫暖的身軀。她是如此嬌小，我甚至覺得連名字對她來說都過於沉重。不知為何，透過撫觸這個儀式，我和伊麗莎產生某種神祕的連結，我確實感受到我把自身的能量經由愛的輕撫這個動作灌輸給她。

對成年人來說，撫摸也有助於降低壓力、血壓和疼痛，同時還能增強免疫力、穩定情緒並讓我們睡得更好。被另一個人撫觸時，大腦會釋放天然的止痛劑，所以按摩長期以來與健康、舒適和緩解疼痛有關。某次生日，我收到一個全身電動按摩墊，我很喜歡它揉捏背部和肩膀的感覺，只是遠不如真人按摩感覺來得好。我們不僅從觸摸中受益，還賦予它特殊的力量。「按手」（譯註：laying-on of hand；係指將手當作媒介放在人或動物頭上，賦予力量與恩賜）是傳達祝福和治療的普遍習俗。中世紀歐洲的「皇室之觸」（royal touch）被認為能夠治療頸部淋巴腫大，而印度靈療大師阿瑪則被稱為「擁抱的聖母」，她能透過擁抱給予祝福。

適當的觸摸有助於培養感激、信任和同理心。醫生輕拍病人的手能讓人覺得醫生充滿愛心並感覺安心，一個小動作就能帶來意想不到的醫療效果。我家附近經常可以看到建築工人在開工前聊天、喝咖啡。我注意到其中有一組人，裡面比較晚出現的人抵達工地時會立刻與在場的每個人握手寒暄，這似乎是創造尊重並凝聚情感的好方法。

然而，觸摸並不是全然有益無害。不恰當和不必要的觸摸讓人感到不悅與困擾，有時甚至違反法律，因此學習尊重每個人的身體界線並保持謹慎與克制至關重要。文化則是人們接觸容忍度的重要關鍵，即使在同一種文化中，每個人對於擁抱、拍背以及該保持多遠的社交距離等，有著不同的容忍度。有鑑於此，美國社會現在越來越不鼓勵大眾相互觸摸，這或許也解釋了為什麼機場按摩、手療師和美甲師等服務日漸流行。這些服務透過提供消費者可預期、社會可接受的方式來享受舒適的肢體接觸。

平心而論，溫柔、充滿愛意的觸摸是建立親密關係的重要元素。然而身為中西部出生的人，我並不是在這樣的環境中長大。我的家庭氛圍溫暖且充滿關愛，只是我們相對保守，不習慣透過身體接觸來表達感情。就算是現在，我跟父母和伊莉莎白也只會在碰面和告別時簡單擁抱一下，其餘時間很少有肢體碰觸。

和杰米交往後我才學會擁抱等各種身體接觸，儘管初次見面時他不像是個溫柔細膩的人（但事後證明他是）。他喜歡浪漫的喜劇、會送體貼的小禮物，也經常說「我愛你」，而且非常喜歡牽手，並總是給我深情又溫暖的擁抱。

在瞭解觸摸對杰米的重要及背後隱藏的科學知識後，我決定利用觸覺讓彼此更親近。從那時起，每天早上帶巴納比散步時我都會緊緊握著杰米的手或挽著他的手臂，我也更認真對待每次擁抱，而不僅是敷衍地流於形式。

我還決定運用觸覺來緩和彼此之間不可避免的小衝突和煩躁情緒。有次進行嚴肅的對話時，觸覺竟然帶來了意想不到的效果。那天晚上我告訴杰米：「欸，我們真的需要認真討論跟安排那些複雜的行程了。」

「不能晚點再說嗎？」他皺著眉問。

「已經拖很久了。雖然是有點煩，但再拖下去只會越來越糟，不如現在就來解決吧。」

「好吧。」他說。拿出行事曆準備進行惱人的任務時，我把手輕放在杰米背上。通常這類的討論讓我們情緒焦躁，但肢體接觸可以讓談話過程保持輕鬆與溫暖。經過這次實驗，我決定在「傾聽宣言」加入一句話：「如果可以，在折磨人的對談中提供適當的肢體接觸當作撫慰。」

我也開始在家裡創造更多肢體接觸的機會，朝向「多親吻、多擁抱、多接觸」的目標前進。現在我決定加倍努力，每天給家庭成員兩次大大的擁抱。不管是早安擁抱、歡迎回家擁抱、晚安擁抱、「你是最棒的」擁抱還是「希望你早日康復」擁抱，每天至少有兩次自然且真誠的擁抱。不過，我最喜歡的仍是傳統的「全家人擁抱」，每隔一段時間我就會大喊：「愛的三明治抱抱！」大家就會從各處不約而同一擁而上，開心地抱在一起。

不出所料，頻繁又溫暖的肢體接觸讓每個人變得更親近，擁抱的益處也遠不僅如此。緊張時，擁抱能緩和情緒帶來平靜；有趣的時刻則能延長喜悅、分享快樂。

雖然社交碰觸是人類重要的非語言溝通方式，但並不是只有人類的觸碰才對身心有益。撫摸動物或與之互動同樣能帶來喜悅、安慰心靈和改善健康狀況。科學實驗顯示，只要與「治療犬」相處十分鐘就能降低病人在急診室裡的疼痛感。

巴納比的確在許多方面為我們帶來快樂，其中一種方式就是透過肢體接觸。杰米就很喜歡和巴納比一起窩在沙發上做任何事。另外，巴納比剛來我們家的時候是睡在籠子裡，但後來我們決定讓牠選擇自己想睡的地方，我非常驚訝原來跟狗狗一起睡在床上是如此療癒的一件事（儘管有時不太方便）。

伸出手尋求安慰和快樂

觸摸動物或人類並不是唯一能獲得安慰和愉悅的方式。

多數人習慣使用工具管理焦慮，但就像情緒一樣，焦慮也有其存在的意義與價值。例如焦慮促使我安排體檢、仔細校對稿件的錯別字並為了退休生活努力儲蓄。

與此同時，焦慮卻也分散我的注意力並帶來破壞性的情緒，而觸覺在安撫情緒這方面能帶來絕佳效果。

小孩子喜歡抱著絨毛玩具或柔軟的毯子尋求慰藉，成年人也是如此。伊莉莎白直到現在仍抱著她破舊的小毛毯睡覺。一位朋友告訴我：「我姑姑在安寧病房工作，她說醫院最近為病人採購一批輕巧又好摸的毛毯，抱著柔軟又溫暖的物品真的很療癒。」

「重力被」是另一項非常流行的觸覺工具，雖然目前沒有太多研究證明它有效，但有些人認為重力被確實能減少焦慮並有助於睡眠。女兒們還小的時候，我見識過嬰兒包巾帶來的平靜效果，所以決定買條重力被來試試看，只是很遺憾它對我沒有起任何作用。不過杰米和艾莉諾倒是很喜歡，特別是杰米不舒服的時候，重力被讓他安穩入睡。在思考為何我們夫妻對重力被有如此不同的感受時，有個想法突然從我腦中迸出：「再棒的工具也無法滿足每個人。」

咬指甲和折手指關節這些小習慣讓人類的雙手有了用武之地。這點我非常理解，因為我從小就喜歡捲頭髮，直到現在還是。我會用手指繞著頭髮後輕輕拉扯，這個過程除了帶來滿足感，還讓我保持平靜和專注。儘管很喜歡這個動作帶來的平靜感，過去幾年我試圖戒掉這個壞習慣，因為身為左撇子的我，左邊頭髮已經變得非常脆弱和容易斷裂。

有什麼好的替代方法嗎？在思考這個問題與研究觸覺帶給人類力量的同時，我恰巧讀到美國著名演員安德魯．麥卡錫的回憶錄《頑童》。書中提到，在拍攝電影《七個畢業生》時，麥卡錫對於其中一場重要的親密戲感到非常焦慮。上戲前最後一刻，他拿了片場的道具「邦哥鼓」來演奏。他說，有些演員不喜歡使用道具，但他覺得道具對於演出非常有幫助：「一杯咖啡或一把澆水壺就可以讓演出更有實體感，還能讓演員的注意力藉由道具，從內心的雜念轉移到行為上，讓表演更自由奔放。」演奏邦哥鼓讓麥卡錫在那場戲表現出色。

讀完麥卡錫的自傳後我發現，嚴格來說，在高壓環境下我也不自覺地使用許多道具，比如捲頭髮或握筆。無論是在重要的商業會議還是聚會的社交場合，甚至是坐在辦公桌前，我都能找到理由握著一枝筆。沒有什麼特別原因，單純就是因為握著筆的感覺很好。

詢問眾人後，我發現許多人都會使用道具來減低焦慮和集中注意力。朋友告訴我：「工作中我不時會在手指間捲透明膠帶，捲一捲再丟到一旁。整天下來，桌上到處都是膠帶。」

我上網請網友提供意見，收到許多發人深省又有趣的回覆：

- 我是葡萄酒品牌攝影師，我拍攝的對象不管是釀酒師、葡萄園經理或工作人員都喜歡在拍攝時拿著東西，這讓他們感覺自在。所以我會準備好酒杯或其他道具供拍攝時使用。
- 辦活動時，為了保持冷靜，我會整場抱著手寫板。
- 不管是約會、會議或談話都讓我感到焦慮，特別是當焦點集中在我身上的時候。現在，我會隨時在手邊準備一個裝滿冰水的瓶子，因為一焦慮我總是全身發熱、滿臉通紅像靈魂出竅一樣，這時握著冰涼的東西可以幫助我清醒一點。

還有幾位老師提到教學時可以拿著杯子當作道具，其中一位老師別出心裁的方法讓我印象深刻：

新冠肺炎肆虐時我不得不透過視訊教學，這讓我很焦慮。有天，我無意間拿起放在辦公桌旁的石頭，神奇的事發生了，光滑的石頭以及在兩手間互換的觸感及重量讓我瞬間平靜下來。之後每次上課前我都會確保那塊石頭在身邊——當然還有上課所需的科技設備。

另一位老師發現一個對學習困難學生非常有用的工具：

在課堂上，我必須不斷提醒某位學生集中注意力，後來發現一款名為「鎮定貼條」的產品可以派上用場。這款貼紙表面凹凸不平，目的是讓人藉由觸摸來減緩焦慮。我們在他的筆電上面貼了一些，學生也覺得上課時觸摸這些貼紙讓他能夠更集中注意力！於是我也幫患有焦慮症的女兒買了貼紙，我女兒雖然已經成年但也覺得這款產品非常療癒。

出於好奇，我上網訂購了「軟砂」和「河石」觸感的鎮定貼條。我把它們放在辦公桌上，一段時間後，我驚訝地發現自己會非常頻繁地拿起這些輕巧的金屬條，用拇指在紋理分明的貼紙上來回摩擦。我不禁捫心自問，它有幫助我集中注意力、舒緩躁動的情緒，和不再捲頭髮嗎？我想答案是肯定的。雖然相關研究還處於早期階段，但許多患有自閉症和注意力不足過動症的人，都發現這些感官類的抒壓玩具對於鎮定情緒很有幫助。

在當今社會中，感到焦慮或緊張時許多人會選擇拿出智慧型手機。雖然有部分的人想減少滑手機的時間，但對另一群人來說手機卻是非常有幫助的工具。朋友告訴我：「如果在我十幾歲就有智慧型手機，我絕對不會開始抽菸。年輕時，只要感到尷尬我就會點枝香菸來抽，不是真的想抽，只是給自己找點事做。現在，面對同樣的情況，我可以直接拿出手機。」

我深深體會到觸覺是帶來舒適和快樂的來源，於是開始積極尋找提升目前觸感環境的機會。一天下午，我突然興起整理雜物的強烈衝動，於是打開衣櫃準備找出不常穿的衣服捐出去。整理衣櫃時發現了三件款式我很喜歡，卻幾乎沒有穿過的棉質襯衫，因此思考了一下為什麼。原來我不喜歡它們硬挺、光滑的觸感。我決定今後買衣服時，不但要注重樣式是否好看，更要注意材質與肌膚接觸的感覺。

以材質來說，我喜歡絲綢的觸感。有次和伊莉莎白聊天時，我問：「我記得你最愛的小毯子四周有緞面邊緣，你喜歡絲這種材質嗎？」

「那條毯子已經舊到邊邊角角的絲綢早就掉了。」她笑著說。「但我確實很喜歡絲質的物品，我記得小時候想要的生日禮物是絲綢枕頭套。」我聽了默默在心裡記下要買個絲綢枕頭套送她。

另一方面，有些人卻特別不喜歡絲綢光滑的觸感。有朋友和我聊到他對柔軟親膚的絨毛材質有著不可妥協的喜愛。「不管是浴袍還是睡袍都必須非常柔軟，薄的棉質浴袍根本不能算是浴袍。」他一臉認真地說著並接著補充，「而且我討厭任何絲質或光滑的東西，它讓我起雞皮疙瘩。」

更重視觸覺後也讓我發現原來自己如此迷戀天鵝絨，家中最喜歡的房間已擺了好幾件天鵝絨材質的物品，包括兩顆綠色的天鵝絨枕頭、兩張「雪尼爾」椅子和一張燈芯絨混天鵝絨沙發。

有天逛藥妝店經過「拉瓦火山萬用去汙皂」的陳列架，我忍不住停下腳步，一件往事湧上心頭。我爺爺是鐵路工程師，回家時雙手總是沾滿油汙，他習慣用這種帶有火山泥砂礫感的去汙皂。我買了一盒回家，拆開包裝後肥皂獨特的砂礫觸感瞬間帶我回到童年與爺爺相處的日子。

越深入探索觸覺就越意識到我有多麼重視這個感官，也不禁開始思考，觸覺明明為我帶來這麼多快樂，為什麼會淪落到後臺感官區？我不知道答案，但現在開始要重新調整注意力，畢竟只要透過指尖就能獲得愉悅的心情，何樂而不為。

有次在朋友家參加晚宴，我發現自己站在精心佈置的粉紅色牡丹花瓶前出神。牡丹花美麗的顏色和淡淡的香味讓我非常驚喜，忍不住摸了摸柔軟的花瓣。這時身後傳來一個尖銳的聲音：「看，這些花很美吧？」我有些尷尬地連忙把手縮回來，像是做壞事當場被抓到的小孩。

年幼時我經常被告知「不要亂摸東西」，但現在的我比以往任何時候都想要觸摸各種物品。我太愛這個世界了，我無法忍受讓它從指縫中溜走、消失和遺忘。

灌溉觸覺

秋天讓人想到豐收，但在我居住的社區裡，唯一豐收的跡象只有街角雜貨店外成堆擺在濕漉漉稻草堆上的南瓜，任由稻草肆意地將霉味扔到空氣中。但每次經過，我還是不由得伸出手觸摸南瓜涼爽光滑的表皮。

閱讀相關資料後發現，人類可以透過「開啟」或「切斷」某種感覺來更深入體驗觸覺，因此我決定嘗試一項名為「感官剝奪箱」的活動（「感官剝奪」〔sensory deprivation〕這個詞已經逐漸被「感官強化」〔sensory enhancement〕取代）。我找到一家漂浮療法中心，官網上寫著：「漂浮在與外界澈底隔離的寂靜和漆黑中，沒有重力和知覺的影響，體驗者將進入深度放鬆的狀態。」該中心離我家只有二十分鐘路程，我立刻上網預約。

到了體驗當天，我站在吵雜的大街上想著中心會不會空無一人，畢竟誰會在周三上午十一點去參加強化感官的療程？抵達後，我發現這裡有種安靜的喧囂感，看起來就像是隨處可見的普通水療中心，有大量的自然光、植物、安靜的音樂以及整排的待售物品。

服務人員將我領到後方的淋浴間並參觀所謂的「漂浮艙」。我曾經幻想自己得躺在狹小、密閉的艙房內，當看到高挑的天花板和三公尺深的溫水，整個艙房像是寬敞的衣帽間那麼大時，我鬆了一口氣。

服務人員解說完後離開，我換下衣服打開艙門，慢慢走進充滿水的漂浮艙。我讀過報導，艙內的水溫恆定在攝氏三十四點度左右，裡面加入了巨量的「鎂鹽」讓人能夠毫不費力地漂浮起來。

我緩緩躺下，投入水的懷抱。關上艙門在黑暗中安頓好後，我聽見自己的心跳，還發現不知道是不是因為過於緊張的緣故，我的呼吸也非常大聲。雖然對身體有更直觀的感受，但並沒有體驗到預期的「感官消融」（感官休眠的深層狀態）或「深度放鬆」狀態，畢竟那才是我此行的主要目的。同時，我的脖子開始痠痛，蠟質耳塞有些鬆脫，還聽到走廊上的腳步聲。等時間結束打開艙門時，我迫不及待地想離開。

事後告訴朋友我完全沒有從感官剝奪——嗯，感官強化體驗中受益時，他笑著說：「我也參加過！而且不斷在想，到底什麼時候才能感受到傳說中的神奇效果？整個過程太無聊了，我甚至還提前十分鐘離開。」

我很高興聽到自己不是唯一覺得這項體驗讓人失望的人。

不過還是有些額外收穫，例如漂浮艙的體驗讓我聯想到日常的泡澡，而我公公鮑勃是泡澡的超級愛好者。

「你為什麼這麼喜歡泡澡？」我問他。

「我喜歡被熱水包圍的感覺。」

「是因為背不好嗎？」

「不是，就單純喜歡泡澡。」

「每天都會泡嗎？」

「對，有時還會一天泡兩次。」

「兩次？」

「沒錯。一次早上，另一次是在騎完自行車之後。」（我對他泡澡習慣的好奇心讓他覺得非常有趣。）

與此相反的是，有位朋友告訴我，他很討厭泡在水裡的感覺。除了盡可能縮短淋浴時間外，他從不泡澡、不玩任何海上活動也不去游泳池。每個人，都把自身的偏好帶到感官活動中。

結束漂浮艙觸覺大冒險後，我決定把這個概念帶回家，用類似的淋浴來嘗試看看。研究顯示，淋浴或泡澡能幫助我們清醒及入睡、提振精神並提供遠離塵囂的機會。遠離人、電子設備和不斷攫取我們注意力的各種惱人任務。更重要的是，在那個當下，我們處於既警覺又放鬆的狀態，是產生新穎想法的關鍵時刻。

五感實驗告訴我，削弱某種感官的力量會讓其他感官會變得更加敏銳。有天早上，我在浴缸中放滿水並把燈關掉，浴室沒有窗戶，所以我站在一片漆黑之中。我摸索著走進淋浴間並對五感帶來的回饋充滿驚奇。溫暖的水流過身體、水滴落在瓷磚上的回聲、肥皂的檀香氣味以及洗髮精在手掌中搓揉、乳化的過程。

正如海倫·凱勒所述：觸覺為生命帶來狂喜。我提升感官的願望，達成。

試著觸摸無形的事物

人類花費大量時間在思考抽象的概念，或許正是因為如此，與真實、可觸摸的物品互動更能讓我們滿足。實體物品的存在能勾起曾經深愛過的人、懷念的地方和參與過的活動的珍貴回憶。當某樣事物對我深具意義，我就會想找個能夠代表它的物品放在能看見的地方，還有更重要的是，要能觸摸得到。

創新的想法和難以言傳的情感如果能轉換成有形的物品將更有力量。舉例來說，抽象的念頭如果透過物品、藝術創作或象徵性的符號實體化之後，往往更容易被理解，因為能藉由雙手實際感受到重量和觸感。實物還能將虛幻、無形之物視覺化，讓我們充分感受其存在，包括向國旗敬禮、套上法官袍或是穿著最喜歡的足球隊球衣等，都運用了這個概念。

每天參觀大都會博物館讓我明白，有形物體對宗教和傳統文化的重要性，人類常會把救贖、正義、好運、勝利和健康等想法給具體化。我們喜歡觸摸聖物，相信接觸神聖的物品會得到祝福。根據傳統「接觸巫術」的說法，觸摸帶有神性的物品能得到庇護。大都會博物館裡，我最喜歡的展品都是存放與聖人有關藝品的聖物盒，包括安詳但憂傷的〈寶座上的聖母與聖嬰〉（Enthroned Virgin and Child）雕像和佛陀的遺物及祭品等。更讓人哭笑不得的是，人類為了求得好運還熱衷觸摸各種雕像，比如哈佛大學內「約翰·哈佛」雕像左腳和義大利佛羅倫斯著名的野豬雕像鼻子。

實體物品的存在不但讓無形卻又重要的價值得以具體化，「儀式」也具有相同的效果。每年吃完聖誕晚餐後，我媽都會拿出一包「魔法許願紙」讓大家寫下新年的祕密願望，接著大家輪流把許願紙捲成細管狀，立在桌上，然後用火柴點燃。如果捲的方式正確，許願紙會很快燃盡而且餘灰會神奇地射向空中。大家一起振臂歡呼，慶祝願望會實現。

圍在桌子旁、寫下願望、在紙上點火、不確定餘灰是否能成功升空——這些安排好的動作會帶來我們握有控制權的錯覺，進而提升我們家的聖誕節慶祝體驗。面對摸不著的新年願望，讓我們有事可做、有物可摸。

伊麗莎告訴我聖誕節的許願活動是她最喜歡的節慶傳統之一，她的理由是：「這個活動很特別！結合了創造幸運與科學實驗的樂趣。我喜歡能帶來幸運或者讓願望成真的事。」

「像吹熄生日蛋糕上的蠟燭？」

「沒錯，還有尋找罕見的四葉幸運草或者把錢幣扔進噴水池許願。」

於是第二天去參觀大都會博物館時，我就扔了一枚銅板到羅馬雕塑展區的噴水池裡。我的幸運銅板與其他數百枚錢幣靜靜躺在一起，但只有那枚硬幣是屬於我的。

相信超自然力量讓人相信自己有能力影響事件的發展軌跡。雖然大多數人不認為自己迷信，但其實我們或多或少都有點迷信。我爸參加飛蠅釣課程的最後一天，教練拿出一個裝有光滑河石的黑色天鵝絨袋子，讓大家依序從中挑選一顆石頭。「關於釣魚，你除了需要技術，還需要運氣。」他向大家解釋：「手伸進袋子後，會有一股力量引導你選到最適合的石頭，把它放在你的釣魚背心裡，就能帶來好運。」

我已經擁有幸運香水，但觸摸特定物件可以帶來力量的故事帶來了靈感。我想為「我們家」尋找一項物品，讓每個人都可以藉由觸摸它獲得幸運。離家不遠處有間販售各種自然珍品的小店鋪，我在那裡找到完美的選擇：一顆小巧拋光的藍色青金石立方體，上面夾雜著黃鐵礦斑紋。握著它的時候，手中感受到礦石光滑的表面、簡單的線條，還有眼睛看到的迷人顏色讓我非常滿意。這顆礦石的一切都恰到好處，可說是萬中選一了。

我把它帶回家並慎重宣佈：「我買了一顆能為大家帶來好運的礦石。我打算放在前門旁邊的書架上。」

艾莉諾從我手中拿起礦石，「嗯，感覺很不錯。」她邊說邊在兩手中把玩。「還蠻重的。」

「需要好運時，記得摸摸它。」

我本來預期他們會提出一些質疑，但父女倆竟然毫不猶豫地接受了。幾天後，我對著準備出門上學的

艾莉諾說：「出門前別忘了摸摸礦石，你今天有重要的考試。」她翻了個白眼，但乖乖照做。

用自己的雙手點燃想像力

觸摸還可以幫助我們理解抽象的想法和複雜的概念。「具身認知理論」（embodied cognition）認為，是身體的經驗塑造了每個人的思維模式。研究顯示，與真實、可觸碰的物品一起工作能增強記憶力並有助於解決抽象的問題。舉例來說，老師可以拿DNA模型來解釋何謂「雙股螺旋」結構，而眼科醫生可以透過眼球模型向病人說明診斷結果。

有段時間，我也持續在做一件乍看與具身認知毫無關聯的事。在一項以好玩為出發點的個人計畫中，我嘗試列出旁人無意間提出、卻為我帶來顯著效果的「間接指示」，希望能藉此讓自己創造出更具新意的解決方案。

之所以製作這份清單，是因為我發現自己在寫作過程中已經養成固定模式，也經常遇到寫作瓶頸。在與之搏鬥的過程中我發現，有時旁人不經意的評論，或者恰巧讀到某句發人深省的箴言往往能讓我瞬間茅塞頓開。

比方說，在編寫《從四十個角度看邱吉爾》這本傳記性質的書時，我被邱吉爾大量的生平資料所淹沒，還對如何擬出理想的架構深感困擾。我想寫一本精簡易讀的邱吉爾傳記，但同時必須表達出他對世界的巨大奉獻和影響。我該怎麼樣才能捕捉到邱吉爾複雜、評價兩極、幽默又悲劇的一生？更不用說那些目不暇給的史實紀錄，這似乎是件不可能的任務。

後來有位朋友告訴我，她當年撰寫博士論文時在筆電上貼了張便條紙，上面寫著「打倒無聊！放棄無聊！」只要她對論文的某些部分感到厭煩，就會想盡辦法跳過那些資料和數據。這是個非常棒的啟發，我可以跳過無聊的部分。這個間接指示為我的傳記架構帶來全新的靈感，我要跳過無聊的部分，只關注邱吉爾生平中吸引人的故事。

這類歪打正著的建議通常意外地具有開創性，因此我會特地作紀錄，以備不時之需。有些是萬年不敗的經典，如「擁抱限制」和「降低標準」；有些則出自偉大的藝術家，例如美國知名作家詹姆斯．鮑爾溫曾寫下：「世界上最難的事就是保持簡單。」以及美國頂尖編舞家崔拉．夏普曾說過：「找一個盒子，裝滿能激發你靈感的物品和圖片。」其他的則是來自我本身的經驗，包括「多與新人合作」、「表達意見，不要把話藏在心裡」和「這不是缺點，而是特色」等。（當然，不是每個建議對所有人都有效。例如「開始一段新戀情」是個行之有年的有效方法，但對我來說就不是好主意。）

每次撞牆期我就會重新閱讀這些建議，通常都很有幫助。比如說「重新排列優先順序」曾解決一個讓我很沮喪的問題；「添加番茄醬」提醒我料理時要加入足夠的調味。然而儲存在電腦上的檔案感覺很不真實，我也總是擔心自己會不小心刪除或徹底忘記這份檔案的存在，所以想讓這份虛擬電子檔案變得「更真實」。

隨著越來越多個人化體驗走向虛擬，實體世界反而變得更加令人期待和興奮。有時為了擁有真心滿意的實體物件或工具，我們願意忍受不方便和付出更高的代價。只要能拿在手上，昂貴和不方便都不再是問題。有位朋友為了重啟家中的老式轉盤電話，願意向電信公司支付額外費用；伊麗莎和艾莉諾則不約而同把輕巧的耳塞式耳機換成大型的耳罩式耳機。我自己也花了好幾年時間，才終於放棄心愛的斐來仕手帳，然而電子手帳儘管再實用，手感方面仍舊差很多。

我一直不確定該怎麼讓這份「間接指示」的電子檔實體化，有天回老家探望父母時，我在高聳的櫥櫃上發現爸爸的旋轉式名片架。我非常喜歡這個老名片架的重量感和外觀，那些打字感的聯絡人資料也令人懷念。我拿著名片架，看著褪色的卡片平穩地在手中翻過，感覺格外溫暖，儘管已被束之高閣多年，它依然有能力讓人開心。

突然間我有了好點子：「我要讓旋轉式名片架成為間接指示檔案與真實世界之間的媒介。」沒錯，實體卡片遠比存在筆電中如幽靈般的電子檔更有力量。而且填寫實體卡片的過程將促使我精煉內容，從名片架上隨機閱讀卡片還能激發出不可預測的創意火花。最重要的是，握著實體卡片能在腦海中留下更深刻的印象。

我立刻買了個復刻版的名片架，拿出最喜歡的彩繪筆，開始把每個間接指示謄錄到卡片上。我很滿意天馬行空的想法被真實呈現出來的樣子，似乎擁有了更強大的力量。

事實上，在謄寫完那些間接指示的時候，我意識到自己似乎該幫這個創作想個響亮的名字。之前都是用「間接指示」來稱呼，也許可以改稱「旋轉名片架點子大全」？不好，於是我把名片架放在面前，在心裡默想：「這個工具該取什麼名字？」然後轉動名片架，隨意抽出一張卡片，上面寫著「找到全新的隱喻」。

我花了幾分鐘思考各種隱喻，但什麼都沒想到，只好先把卡片貼在軟木留言板上。雖然沒有解決問題，但確實感覺到宇宙試圖告訴我一些事情，而且我也朝向解決問題邁出建設性的一步。

如果只是在網站上點選某個連結獲得答案或打開電腦中的電子檔閱讀提示，這個過程還會如此令人愉快嗎？答案是否定的。從做出選擇、閱讀指示到把卡片貼在桌子旁，這些實際行動讓我感到是「我」在控制局勢（當然還有命運的牽引）。每個人，都想自己丟出骰子。更重要的是，軟木板上的實體卡片讓虛無的指引有了分量，還能時刻提醒我不忘思考。

我把名片架放在桌上不時翻閱卡片，有種鼓勵大腦持續學習、激發創意的味道。同理，我有朋友會把食譜放在廚房的料理檯上以激發烹飪靈感，還有另一位朋友在桌上放了盒便條紙，以便靈感乍現或突發奇想時能立刻寫下想說的話或想法。有位熟人告訴我，經歷過從傳統照片演變到數位照片之後，她最終決定重回傳統照片的懷抱。「數位照片沒有真實感，雖然照了非常多照片但我幾乎從來不看，還要擔心有天檔案會突然消失。說實話，我喜歡真實照片可以保存、翻閱的感覺。」的確，有些事物適合虛擬世界，但對某些人來說，實物更好。

有天下午在大都會博物館閒逛時，我在最喜歡的展品前停下腳步，那是一座精美的「阿波羅和繆思女神錫釉彩陶墨水架」。這是來自一五八四年的古老書桌配件之一，上面裝飾著阿波羅、繆思女神和著名詩人的人像。我邊看邊想：「裝飾著一群繆思女神的墨水架的確是激發作家靈感完美的文具。」那一瞬間，我知道該給旋轉名片架取什麼名字了——「繆思女神製造機」！這個絕妙的隱喻讓我忍不住開心地笑了出來。

進行每日訪談及調查

正如「阿波羅和繆思女神錫釉彩陶墨水架」所展現出來的技藝，大都會博物館中擁有眾多將人類超凡情感與創意轉化成實體的藝術品，這些展品充分表現出人類有多渴望碰觸到真實的物體。

如果想在大都會博物館中感受

觸覺，禮品店絕對是最佳地點。在那裡每個人都能盡情將藝術品拿在手中欣賞，不管是珠寶、手提袋、書籍、居家用品、玩具或是文具。更棒的是，只要願意，你就可以把它帶回家。

博物館的禮品店比起一般禮品店更顯獨特，儘管我很喜歡博物館的禮品店，但這個區域就跟館內的咖啡廳一樣，似乎是略嫌多餘的存在。美國抽象主義表現畫家史提（Clyfford Still）在一九八〇去世時留下大量的作品，捐給美國任何一座願意為他設立專門博物館的城市，但特別規定該博物館內不得設置咖啡廳和禮品店。也由於這項規定，他的專門博物館正式營運已經是三十一年後的事了。

禮品店的流行或許意味著，人類本質上只是貪婪的消費主義者。將俄羅斯寫實主義大師列賓的畫作〈瓶中鮮花〉轉印到沙拉盤上是否會讓這幅曠世巨作顯得廉價？將墨西哥已故女畫家卡蘿的人像製作成鑰匙圈是否減損她的地位？

我不這麼認為。

人類的物質慾望其實有著精神層面的涵義。以禮品店來說，它是能讓每個人展現想要觸摸、購買和紀念具有特殊意義藝術品的地方。看到喜愛的作品，我們的反應不外乎是想要擁有（即使是作品的一小部分也好）、拍照留念或與他人分享。有些人對冰箱上的藝術作品磁鐵嗤之以鼻，但每位朝聖者都想帶些屬於自己的紀念品回家。

禮品店販售的商品或許只是微不足道的複製品，但卻是我們可以將抽象藝術握在手中的唯一方式。擁有某件物品（就算是複製品）會改變持有者與藝術品的關係。我記得奶奶家的客廳牆上掛著一幅法國畫家莫內的〈國會大廈，日落〉畫作，透過一遍遍在那棟小房子中凝視這幅畫作，我從中得到的感悟或許與莫內想要傳達給世人的完全不同。當終於在華盛頓特區的國家美術館看到真跡時，多年來培養出的熟悉感讓我能以截然不同的觀點欣賞。

我在逛禮品店時忽然想到一個訓練注意力的新方法，並決定立刻付諸行動。計畫很簡單，就是先買好幾張喜歡的展品明信片，並前往博物館尋找真跡進行比對。

首先登場是來自非洲貝南王國的珍貴展品〈太后面具〉（the Queen Mother Pendant Mask）。面具由象牙雕刻而成，與展廳內的燈光相互輝映呈

現出細膩的色彩變化和質感。相較之下，明信片壓縮了色澤和紋理，讓珍品顯得平淡無奇。有趣的是，如果將明信片倒過來或是橫向握在手中，反而能發現不同於實體的優雅對稱之美。

我拿著明信片前往下個展廳。經過比對，我驚訝地發現欣賞過無數次的荷蘭畫家老布勒哲爾的〈收割者〉這幅畫，遠處竟有著鱗次櫛比、沿著海岸排列的建築物。我從未發現這個細節，但這個元素在明信片上非常突出。看著手中的明信片，更加瞭解這幅作品的構圖。

自從參觀過「梵谷沉浸式數位互動藝術展」，我對〈戴草帽的自畫像〉這幅畫的細節有了全新的欣賞視角。比

如將明信片擺在畫作旁時，我注意到畫像中梵谷繪製帽子和皮膚所採用的筆觸，與其他畫作中的向日葵花瓣畫法相似。

這次的明信片小練習讓我往後經過這些展品時都會很快就注意到。它們彷彿變成我的私人收藏，因為我曾親手把它們拿在手上——儘管只是仿製的縮小版本。

不可諱言，購買是一種「我在現場、我親眼所見和我帶走一些紀念」的證明。雖然許多人現在已不再花錢買日曆，只想跟藝術品自拍，但我還是非常想買點東西，於是買了一隻迷你版的「河馬威廉」，這隻來自古埃及的亮藍色小河馬已成為大都會博物館的吉祥物，出現在手提袋到玩具等各種物品上。

威廉不僅是我對大都會博物館熱愛的見證，更是將這段日子以來在博物館的歷程給具象化。威廉讓我將回憶轉變成一份真實且可碰觸的紀念，我握著博物館的一部分。

試著觸摸更多

日積月累，我確實感到五感實驗為生活帶來的變化。曾經枯燥的世界顯得引人入勝和充滿意義，生活也變得更加舒適與便利。

只是我這麼晚才發現各式各樣實用卻總被忽略的觸覺提示小工具時，自己還是有些羞愧。舉例來說，我在高中打字課就學到為了更流暢及快速地打字，F與J鍵分別代表雙手食指擺放的位置。但直到現在我才發現，原來F鍵與J鍵上有個微凸的小點能幫助使用者無須盯著鍵盤也能快速找到字母對應的位置。我的耳罩式耳機左側上方也有同樣的功能，讓人不需要手忙腳亂地尋找不顯眼的L字樣來正確戴上。

對我而言，觸覺還有保持平靜和帶來專注的神奇功能。每當感到焦慮或煩躁時，握著小威廉有助於讓我重新回到身處大都會博物館時的心境：平靜、好奇、不慌不忙和豁達。我養成握著小威廉的習慣，提醒自己從容面對任何挑戰。

過去我經常讀到類似的建議：「握住某個物體，專注感受它的質地、重量和顏色。」現在只要拿著這隻冰涼、體態圓潤的小河馬，我的情緒就能瞬間變得沉穩，外觀和顏色已不再重要，因為光是重量就足以成為安定我靈魂的錨。

除此之外，觸覺也為我帶來許多樂趣。某次商務旅程，我住在一家浴室設有地暖系統的飯店。我讀過許多關於地暖奢華功能的報導卻從未有機會嘗試，身為極度怕冷的人，我愛死這項功能了。住宿期間我不斷走進浴室躺在地磚上，我知道聽起來有點愚蠢，但我非常享受。結束旅程回家打開衣櫃整理衣服時，我突然看見那件很喜歡但有點破損的毛衣，這一刻我終於發現捨不得丟掉它的原因，它雖然有點舊，卻是溫暖、柔軟和舒適的完美結合，比躺在地板上好多了。

觸覺除了帶來純粹的感官享受，在放鬆身心也提供令人意想不到的超能力。五感計畫讓我明白休憩和玩耍的重要，不但買了一盒「動力沙」感受它奇妙的觸感，還在著色本中用最喜歡的色筆著色。研究顯示，遊戲能讓大腦升級、產生更多有趣的想法。遊戲時，大腦接收到的愉快刺激也讓我們變得更有幽默感和擁抱新觀點。我不是個容易放鬆的人，可說是過於實際和拘謹，但觸覺放大了我天性中的愛玩因子。

越懂得放鬆和保持童心，就越能激發創意和有趣的聯想。有天早上淋浴時，我正開心玩著手上的肥皂泡沫試著做出各種造型，腦中忽然閃過一個念頭。不知道哪來的靈感，我發現大都會博物館和繆思女神製造機都擁有將不同事物融於自身的創新和包容力。接著，我立刻想到大都會博物館陽光明媚的歐洲雕塑廳。幾年前，大都會博物館進行擴建工程，博物館南面原有的外牆設計被新的建築結構合併，但原本的入口依舊完整並沒有被破壞，只是內縮到館內成為雕塑展廳的一面牆——這是個創新又包容的決定。

建立這種連結帶給我非常大的快樂，我不禁想著：「應該來寫本繆思女神製造機使用手冊，解釋每個指示並舉出實例。」沒錯，就是這樣！我衝出浴室，匆忙找了張紙記下一切（這也是繆思女神製造機教我的技巧：記下每個想法，不要對自己的記憶力太過放心），我感到一股執行新計畫的興奮感傳遍全身。「在鍵盤上敲打出使用手冊的第一個字前，一定要握緊幸運礦石，祈求好運。」我嚴肅地對自己說。

說實話，觸覺所帶來最重要的超能力是讓我與他人更親近，我從未像現在如此珍惜肢體接觸帶來的撫慰。

以往每次散步，杰米都會把胳膊搭在我肩上或牽著我的手。我不再把這些動作視為理所當然，因為我意識到他的舉動讓我很開心，開始更主動地牽起杰米的手。

每天，我都會想起過去、思考現在和安排未來，偶爾也會做做白日夢。我安排計畫、思考人生和遺忘細節，這些都是生而為人無法抵抗和克服的過程。但杰米溫暖的觸碰提醒我，不要吝於對深愛的人伸出雙手。

此時此刻，他就在身旁。

· CHAPTER 6 ·

勇往直前

靈魂的入口，
或肉體如何幫助靈魂（反之亦然）

肉體和靈魂並不是背道而馳。肉體，透過感官成為靈魂的一部分。

在這個時代，肉體，是人類靈魂的出入口。

——英國作家威廉．布萊克《天堂與地獄的聯姻》

O N W A R D

某天晚上和幾位朋友在熱鬧的餐廳聚餐時，我花了點時間思考自己何其幸運能擁有如此美好又溫暖的時光。最重要的是，此刻圍繞在身旁的都是我愛的人們，我們親暱地並肩而坐，一點也不用擔心有任何干擾會削弱彼此相伴的樂趣。

餐廳厚重的窗簾和柔軟的坐墊提供隱密舒適的氛圍，其他客人的談話聲讓室內充滿活力又不至於過度吵雜、聽不清身旁朋友的話。我充分享受五感帶來的美好，我欣賞著其中一位朋友身上優雅的配件——一支非常有質感的老式腕錶和一條精緻的金項鍊。我聞到桌旁花瓶中的淡淡花香，還不時拿起杰米點的蘇格蘭威士忌嗅一嗅（我不喜歡喝威士忌，卻非常喜歡它聞起來的味道）。我一如往常點了鮭魚當主餐，咬下第一口就嘗到鮭魚濃郁迷人的味道在口中化開。金屬餐具的觸感和重量也讓我很滿意，更不用說覆蓋在椅子上有些磨損但依舊柔軟舒適的天鵝絨椅罩。

說實話，開始進行五感實驗之前我也經常感到開心，但整體來說那種感受非常籠統。以今晚為例，如果沒有經歷五感計畫，我不會知道也不會瞭解，這個完美的夜晚是五感精心統整眾多元素後的成果。現在，我注意得更多，也更懂得欣賞。

我工作很重要的一部分是思考人生最常討論的課題之一：何謂幸福。包括如何才能讓自己更快樂、更健康、更有生產力和創造力？如果想要改變，該從何處開始？如何才能更瞭解自己？

一次次反覆詢問自己後，我發現上述問題的答案都回歸到我追求快樂時的最基本原則：「自我認識」和「覺察行動」。自我認識引領後續的行動和決策，帶領我們朝向更快樂的生活邁進。

啟動五感計畫是因為我感染了結膜炎，也因此對感官產生敬意，並且從那天起進行了無數的五感實驗。我和芭蕾舞者交談，瞭解身體與地板互動時所需的力量和舉起一名穿蓬蓬裙舞者可能發生的危險。我使用「通氣鼻貼」想看看能否改變味覺，也嘗試了風靡全球的「穩定身心著陸練習」（譯註：5-4-3-2-1 ground exercise，一種利用五感緩和焦慮的技巧。方法為說出五種看到的東西、四種摸到的觸覺、三種聽到的聲音、二種聞到的味道及一種嘗到的味覺）。我還體驗了「冷凍療法」、參觀拉斯維加斯的賭場，並且為了給艾莉諾驚喜買了很夯的爆米花回來自己爆。

其中最驚人的冒險是，我喝了「死藤水」（譯註：ayahuasca，亞馬遜地區薩滿教使用的湯藥，有通靈和淨化等目的，但經常被外人視為迷幻藥使用）。研究感官讓我對嘗試迷幻藥帶來的高感知體驗十分好奇。由於最新研究顯示，迷幻藥是有效的治療工具且前景可期，相關實驗也就不那麼令人害怕，於是我與一位研究人員取得聯繫並制定完善計畫，替所有可能發生的情況做好準備。在喝完一杯濃稠、苦澀的草藥後，我吐了三次，緊接著眼前閃過一陣陣如百貨公司般的刺眼光線，整個人頭暈目眩，然後我便睡著了。但醒來後一切正常，沒有任何不適，雖然沒有體驗到預期的強烈感官刺激，但光是參加實驗就讓我非常興奮。我做了件不尋常的事，一件曾經令我膽怯的事。

這些體驗讓我明白，我和所有人一樣都活在由自己身體、經驗、文化和個人特質創造出的感官世界。但重要的是，透過大腦有意識的行動，我可以藉由五感創造出各種鮮明的感受。只要認真對待感官，我將擁有無人能比的超能力。

然而，「持續感受」世間萬物才是最困難的挑戰。美國藝術家波克拉（Scott Polach）在聖地牙哥的卡布里約國家紀念公園推出的創作《被鼓勵的掌聲#111415》（Applause Encouraged #111415）就是這樣的企劃。在日落前的四十五分鐘，服務人員會帶領觀眾進入一處位在懸崖邊、用紅繩子圍起來的區域，請大家在摺疊椅上就坐，並提醒他們不要拍照。觀眾看著漸漸消失在海平面上的夕陽後起身鼓掌，之後才上茶點。這個作品很有趣，但在日常生活中我需要靠自己感受一切，該怎麼做才能堅持重視萬物變化的紀律？

一位朋友笑著告訴我：「從印度旅行回來之後，我原本以為自己會變成煮什麼菜都要加小茴香當調味，結果壓根沒有。」我完全明白他的意思。感覺自己將有所改變，比實際改變容易得多。改變從來不是件容易的事，但未來的每一天，我都想保有此刻對五感的熱忱。

說實話，一直到進行五感實驗後，我才瞭解過去自己有多倚重視覺、冷落聽覺（儘管當時並未察覺），現在會想要平衡運用五種感官。除此之外，發現自己有能力設計及調整身處的環境是五感計畫帶給我的另一項禮物。我做了不少改變來增加生活樂趣，比如睡覺時也可以噴香水、每天參觀博物館和經常撫摸巴納比柔軟的耳朵。我也更留意生活中的小細節，外出散步時，光是茉莉花的香味就能帶給我強烈的愉悅感，並且暫時逃離喧囂。現在我能果斷地關閉手機通知、捐出喜愛但有點磨損的褲子，或者將一把搖搖晃晃的椅子修好。又或是發現廚房那塊破舊的洗碗海棉已經有味道時，會毫不猶豫地更換新海綿，這是以前的我不會特別在意的小細節。

儘管目前我的感知能力已達到巔峰，也慶幸終於找到讓大腦與肉體合而為一的方法，我仍不斷想著是否有發現更多探索和刺激感官的可能。我知道，想要更真切地感受娑婆世間的喜、怒、哀、樂，我們需要倚靠的不僅是肉體，還有靈魂。

獲得更多喜悅

剛開啟五感實驗時，我的希望是透過實驗獲得更多快樂——這個目標對我來說過於空泛和困難，如同英國作家巴特勒（Samuel Butler）所言：「沒有比那些自以為能立刻說出自己喜歡什麼東西的人更像傻瓜的了。」或者我們也可以用知名繪本《戴帽子的貓》的經典臺詞來說明：

看著我！
看著我！
現在都看著我！
玩樂很有趣噢！
不過你得知道怎麼做！

「怎麼做」就是曾經困擾我的問題，現在我知道了，關鍵就是感官。

如今只要感到焦慮、煩躁、沮喪或無聊，我就會穿上色彩鮮豔的衣服、聽首喜歡的歌、品嘗記憶中的家鄉菜或擁抱別人來排解這些情緒。即使是最普通的時刻像是帶巴納比散步、整理床鋪或看「魔眼3D圖」，我對事物的感受力和注意力也提升到全新的高度。除此之外，經過玩具店時我會花時間去觸摸枕頭上的翻轉亮片，感受它們在手指間滑動的觸感和亮片從金色變成銀色的視覺饗宴。我也永遠不會忘記看見猩紅色的日本楓葉從緩緩樹上飄落、在黑暗中有如閃閃發光的激動心情。

其中最關鍵的進步是，每當有人分享特別令人愉悅的感官體驗，我都學會敞開心房去欣賞。例如彩通公司將「紫外光」選為二〇一八年度代表色，我便開始留意身邊出現的這個顏色，也在看完電影《畢業生》之後瘋狂愛上〈史卡博羅市集〉這首插曲。除此之外，認真閱讀菜單上對於雞肉料理的詳細描述，讓我能嘗出裡面生薑的味道。有次母親告訴我：「我喜歡走在街上，欣賞熟食小店外面販售的花束。」這隨後也成為我散步時的樂趣。

眾所皆知「每天拍照」是仔細觀察世界的常見方法，我有位朋友每天早上都會為哈德遜河拍張照片。雖然有些人認為拍照會減少當下與環境（或人）互動的樂趣，但也有研究顯示，拍照其實更有助我們深入參與整個過程。

不過，拍照策略對我沒什麼吸引力，文字才是我不離不棄的夥伴。因此，為了讓自己能更深刻地品味酪梨醬的滋味和羊皮革的觸感，我決定動手寫一份「五感手札」。

我從書架上抽出一本橫線筆記本，在頁面上依序寫下「看」、「聽」、

「聞」、「嚐」和「摸」，並決定每晚睡前記錄下當天最難忘的感受。

第一天日記的亮點包含：

看：威瑪獵犬華麗的銀黑色毛皮，看起來像結了霜一樣。

聽：走在市中心聽到教堂的整點報時鐘聲。

聞：巴納比需要洗澡。

嚐：沙拉有令人驚豔的煙燻味。

摸：裘蒂和鮑伯家中粗糙扎手的瓊麻地毯。

事實證明，「五感手札」意義重大，除了隨時提醒我保持對五感的關注外，也像是一本感謝日記。每天都有許多重要的時刻在面前流逝，而我卻渾然不覺。我必須更專注，必須更懂得感謝這一切，五感手札就是最佳夥伴。

雖然我察覺許多美好，但也必須承認隨之而來的還有更多臭味、混亂和喧囂。發現冰箱運轉如此吵雜後，我再也無法像從前那樣生活；一旦嚐過咖啡獨特的酸味，我對此欲罷不能。我也更願意付費進行體驗，因為親身感受不同的感官刺激，讓人更有活著的感覺，帶來我所渴望的「生命力」。

通常來說，基於本身對有效率、高產出的渴望，讓我無法放棄手帳中的各種待辦事項……沒辦法，古板個性使然。但因為開拓了五感，我在一成不變的生活中獲得額外的樂趣。有天下午，我和艾莉諾試著用玉米澱粉加水製作了「非牛頓流體」。這是一種讓液體和固體同時存在的概念，就像流沙一樣，受到壓力時會暫時變成固體，一鬆手又恢復為液體狀態。我們用手擠壓、按壓和戳它，笑得很開心。除此之外，之前的「猩紅色計畫」讓我有機會可以經常去逛B＆J花店，裡面販售各式花材、花藝用品和裝飾道具，每次從中找到猩紅色的商品，都讓我有狩獵成功的快感。

我也開始對家人進行五感方面的惡作劇。我曾經偷偷在艾莉諾的咖啡中加入「惡搞凝膠」，咖啡瞬間凝結成為一杯無毒但無法再喝的泥漿，艾莉諾拿著杯子滿臉的困惑與不解。杰米生日時，我則是買了吹不熄的生日蠟燭。

有天全家人都對紐約寒冷的十二月感到厭世時，我靈光乍現——現在應該要去參觀紐約植物園才對！我吆喝著大家動身，抵達之後我們穿過入口準備走向有著玻璃圓頂的溫室時，我發現寒冬讓四周看起來黯淡無光、毫無生氣而且呈現憂傷的棕色。進入溫室後，整個景色有如天壤之別，植物的生命力和色彩在這裡展露無遺。我最喜歡的展區是熱帶低地雨林區，鬱鬱蔥蔥的植物擠滿每寸土地，樹枝在我們頭頂上盤根錯節。植物生長得如此密集，幾乎吃掉遊客吵雜的聲音。

「我喜歡從戶外進來的瞬間。」我告訴艾莉諾。

「我也是。」艾莉諾回答。繼續往前走時，艾莉諾脫下大衣，我也把帽子摘下來，溫暖潮濕的空氣迎面而來。

「媽，你聞一下！」她興奮地邊說邊深深吸了一大口氣。厚重的空氣中充滿各種味道，除了泥土和水，還有許多陌生的綠色植被氣息。溫暖、充滿活力的室內和外頭冷冽、枯萎的景觀呈現強烈的對比。這個空間，擁有令人愉快的特質。

我們已經有十年沒來過紐約植物園，走到大門準備離開時，我聽見艾莉諾對伊麗莎說：「天氣暖和點的時候我們應該再來一次，也許可以在這裡野餐。」

察覺圍繞在身邊的愛

越瞭解五感，我就越想和每個人分享與討論。我不斷問大家：「木炭的味道讓我想起夏天，你呢？」「你知道大象能聽到雲層移動的聲音嗎？」事實證明，談論感官體驗是建立聯繫的好方法，這是個幾乎所有人都會感興趣的話題。

更重要的是，五感讓我更靠近我所愛之人，幫助我觀察他們身上實際存在的各種細節——我深愛著這些細節，卻又常在不知不覺中視之為理所當然。

既然我可以運用五感更瞭解自己，同理可證，我也可以透過五感更瞭解別人。

杰米是我第一個想瞭解的人，還為此製作一份「杰米的五感特徵」清單。我拿起筆記本，翻開第一頁，在上面寫下大大的杰米兩個字。

當我想到杰米時……

代表杰米的視覺：

1. 讀報時，折報紙的方式。
2. 我們的衣櫃裡都是他的夾克。
3. 周日午後在沙發上伸懶腰，準備小睡片刻。
4. 剛開始交往的時候，他經常穿的玫瑰紅刷毛夾克和淡黃綠色針織襯衫。
5. 運動後汗流浹背、滿臉通紅的樣子。

代表杰米的聽覺：

1. 用充滿愛意的聲音說：「我們偷看一下兩個寶貝。」然後躡手躡腳地打開門，深情地看著睡在嬰兒床裡的伊麗莎和艾莉莎。
2. 每次在iPad上完成《紐約時報》的填字遊戲，響起的破關音樂聲。

3.聽他最喜歡的體育話題Podcast。
4.用商業術語說話的聲音。
5.熟睡時，長而緩慢的呼吸聲。

代表杰米的嗅覺：

1.喜歡在傍晚時分喝的威士忌。
2.網球背包。
3.晚上帶巴納比外出散步回來後的戶外氣息。
4.每次套上T恤時飄出的洗衣精味。
5.吉列刮鬍膏。

代表杰米的味覺：

1.常吃的「救生圈軟糖」。
2.冰淇淋，他每周都會在「周六冰淇淋日」吃。
3.薄荷牙膏，我們進行早安親吻時都會嘗到。
4.花生醬，飯後他會舀一湯匙當成甜點來吃。

5.咖啡加牛奶，這是他的標準喝法。

代表杰米的觸覺：

1.柔軟、充滿彈性的頭髮。
2.大腿根部一塊光滑沒有毛髮的皮膚。那是他之前治療C型肝炎時為自己注射的地方（現在已痊癒）。
3.家中隨處可見的尖銳塑膠吸管（杰米有咬吸管的習慣）。
4.溫暖、抵著我臉頰的裸肩。
5.黏膩的筆電鍵盤，因為他總是邊吃邊打字。

這份清單讓我得以重新欣賞杰米身上的美好之處，我已經很久沒有這麼做了。觀察杰米的外在讓我更瞭解他的內心，例如我發現他買了幾件新款的扣領襯衫，穿起來合身又好看。這些變化很細微，但我注意到了並笑著跟自己說：「杰米感覺準備好進行大改造了呢。」

我跟一位朋友分享五感特徵清單帶來的改變，她聽完立刻拿出手機，邊打字邊說：「我要把這個想法寫在郵件中寄給自己。我爺爺幾個月前去世了，這份清單能讓我永遠保留對他的回憶。」

開始五感計畫之後，我也更關心身旁的人。我注意到爸爸在針對身體不同部位的肌肉進行訓練後姿勢變得更好，也注意到伊麗莎開始使用髮夾，甚至還注意到好友接到新工作後開始使用「準時交付」、「利害關係人」等專業商業詞彙。發現這些小細節讓我與重要的家人朋友變得更加契合與親近。

五感不只是幫我「注意到」其他人，還是與他人「建立連結」的絕佳橋梁。研究顯示，如果能與旁人共同分享某種感官體驗，我們會更享受整個過程。舉個最簡單的例子，全國民眾都在收看《周六現場夜》讓節目似乎變得更有趣。又比如我帶朋友去看大都會博物館的「亞斯特庭園」時，他驚訝的神情讓花園顯得更加美麗。

五感實驗帶給我的啟發遠不只如此。得知好友正面臨艱困的處境時，我決定透過五感傳達對她的關心與愛。生而為人，我們不但能夠透過靈魂與身體對話，更可以經由身體來為靈魂打氣。身體上的快樂也許很短暫，但確實能帶來能量與安慰。我精心挑選了一份五感禮物來鼓勵及緩解她的壓力。

- 視覺：一盒漂亮的彩色鉛筆。
- 聽覺：一個小型的手搖音樂盒，播放的歌曲是〈你是我的陽光〉。
- 嗅覺：一盒有三顆不同味道的香氛小蠟燭。

- 味覺：食鹽試吃包。
- 觸覺：一條深藍色柔軟、輕盈的毯子。

身體，是人類最終的避難所也是獲得平靜與活力的來源，而且沒有人不喜歡驚喜和受到重視的感覺。通常我有嚴重的挑選禮物障礙，然而一旦把五感納入考量，過程卻變得有趣又容易。無論禮物昂貴或實用與否、看起來是否傻氣或療癒的作用，每個人都喜歡拆禮物的過程。我甚至想像如果在辦公室中提供五感禮盒，說不定有助於提升成員之間的連結，促進團隊合作。

一樣物品可以成為一段經歷。我們可以讓一份禮物以物質的形式烙印在生命中，讓我們的愛得以具體地被看到、聽到、聞到、品嘗到和觸摸到。

創造更多能量

五感實驗最令我意外的發現是，原來感官確實有提供能量和自我更新的作用。由此可知，安頓好感官環境是照顧自己重要（且經濟實惠又簡單）的方式。

於是我不再被動地忍受，而是開始以自己喜歡及舒適的方式主動塑造環境。想要充電一下或轉換心情，我會迅速嗅一下葡萄柚、享受高品質棉襪的觸感或從音樂庫中挑喜愛的歌來聽。感到懶散時我會到外面走走，抬頭看看天上的雲，或者用手輕拂燈柱冰冷、凹凸不平的表面並體驗街上各種無法預測的氣味，這些外在刺激有助於我調整心態，繼續迎接工作挑戰。

雖然提供快速的小獎勵是有效調整心情的方法，但我並不想做一些感覺很好但實際上卻弊大於利的活動，例如熬夜追劇、末日狂刷（譯註：doomscrolling，此字因疫情走紅，指不斷在社群平臺上瀏覽負面消息的沮喪狀態）和狂嗑萬聖節糖果。相較之下，香味和聲音就可以讓人肆意地享受，畢竟香氛不會像食物一樣有攝取過量的問題，多聽音樂也沒有什麼壞處（只要音量不要過大）。

同時我也意識到能量非常重要，不同能量帶給感官不同的效益。舉例來說，我尋求的就不是刺激或焦躁不安的能量，而是能帶來專注和耐心的平靜能量。

博奕遊戲中，「馬腳」（tells）係指洩漏玩家內心真實狀態的細微肢體動作，這種情況也經常發生在我的日常生活中。最明顯的例子是只要感到焦慮，我就會想要減少感官負荷，例如停止噴香水或要求艾莉諾降低音樂音量。這是因為突然之間任何氣味和聲音都顯得多餘，讓我難以承受。

另一方面，有些人卻可以透過強烈的感官體驗來獲得解脫。比如將手或臉浸入冰水、將冰塊含在嘴裡、沖個熱水澡、大聲播放音樂或咬一口檸檬。此時感官帶來的刺激成功轉移了負面想法，讓他們能以嶄新的心態面對世界。

不過，我發現早在知道這個方法前，自己就已經成功採取過類似的策略。伊麗莎十年級時，某次考試前夕突然陷入低潮，完全無法集中精神念書，我一開始想不出任何辦法幫忙，但有天突然有了靈感。

看到她坐在書桌前雙眼茫然地盯著課本上的空白處，我告訴她：「走吧！快起來，我們要出發了。」

「去哪裡？」她錯愕地問。

「你不是一直想要穿第三個耳洞嗎？我們現在就去，你趕快找一家評價不錯的店，我們半小時後就出發。」

「現在？」她用難以置信的聲音和表情問著。

「沒錯，但你還有很多書要念，所以我們得抓緊時間。」

「沒問題，我會找到適合的店。」語畢她趕忙動起來，而兩個小時後她穿好新耳洞，繼續回到書桌前奮戰。穿耳洞的驚喜和肉體上的刺激化解了考試壓力，讓她重拾書本。

朋友告訴我，在大女兒離家上大學後，她和小女兒一起去了趟花市撫慰彼此低落的情緒。「我們買了一束又一束的花，擺在公寓每個角落，花朵美麗的顏色和香味讓我們的心情變好。」她說。

恰好在聽完這個故事沒多久，我的電子信箱忽然罷工，這類科技問題總是讓我非常焦慮，於是我做了件從未做過的事——去買了束花，還拿出玻璃瓶把花插好後帶到辦公室。我從未在辦公室裡養過花，但花朵帶來的快樂和正面能量讓我非常驚訝。鮮花的魔力太神奇了吧！美國著名詩人梅．薩藤曾說：「如果有人問我對奢侈的理解是什麼，我的回答是：房間裡一年四季都有鮮花。」

五感實驗讓我以前所未有的方式欣賞花朵的美麗，也想起伊麗莎小時候用軟軟的聲音說：「我媽咪要開花花派對喔！」我再次意識到，人，確實可以透過身體來為靈魂打氣。以我目前的情況，鮮花就是最好的解藥。

我決定在繆思女神製造機中加入新箴言：每個花瓶裡都該裝滿鮮花。

激發想像力

一開始進行五感實驗時，我期望能藉此激發創造力和生產力，事實證明，五感實驗帶來的驚人效果簡直叫我措手不及。

每天參觀大都會博物館不但點燃我的想像力之火，那裡恬靜的氛圍還讓我想起一段幾乎被遺忘的時光：學生時代的下課時間。

我小時候很擅長乖乖坐著完成老師指派的任務和作業，但我也很喜歡下課時光，每次離開教室到操場上就能盡情做想做的事。「下課時間」跟「參觀大都會博物館」的異曲同工之妙在於，兩者每天都會發生。唯一略有不同的是，下課休息沒有固定的模式或規範，只有全力發揮創意和樂趣。我不必試圖達成「提升注意力」、「強化心率」或「引導意識完成某些事」等目標，當然也不必遵循指示，我只需要單純享受五感帶來的快樂。

長大成人後，我仍然善於靜靜坐著、解決工作上的交辦任務，而每天前往大都會博物館參觀就是我給自己的下課時間。有些人會透過冥想整理思緒，我則用「下課時間」盡情解放思緒。

只要妥善休息之後，就能更從容地回到辦公室繼續奮鬥。研究顯示，面對耗費腦力的工作，適度休息有助於保持和提高生產力與創造力。舉例來說，讓思緒自在地漫遊（例如早上起床前、通勤、洗澡或運動時），大腦往往能產生不同的見解，並釋放創意和效率。正如英國作家吳爾芙所說：「我的思緒在閒暇時工作，無所事事是我最有生產力的工作方式。」這代表放鬆和玩樂並不是沒有意義的過程。

我也發現，很多人跟我一樣，覺得工具和原始材料更能激發想像力。不管是一把香料植物、一籃柔軟的毛線或是一把靠在牆上等待被人彈奏的吉他，這些材料代表著無限的可能性。

我也驚訝地發現即使沒有打算使用，光是看著這些材料就能喚醒想像力。開始五感實驗前，我非常好奇自己在更留意五感後，是否會產生想嘗試新感官活動的念頭，例如繪畫、玩拼貼或烹飪等，但這並沒有發生。相反地，五感實驗反而強化了我最原始的創作動力，也就是繼續用文字創造一切。看著色彩斑斕的各式顏料帶來了靈感，但我並不是想拿起畫筆，而是趕回家坐在電腦前敲鍵盤。我建議一位遭遇寫作瓶頸的朋友：「去五金行、農夫市集、美術社或是樂器行逛逛。如果你跟我一樣，這些地方能帶給你靈感。」

更加瞭解和重視感官，讓我的寫作風格變得更為多元。除了持續進行因好玩而寫的《我的色彩朝聖之旅》之外，我還草擬了「傾聽宣言」、「味覺大事記」，並持續更新五感手札。每天更是認真投入最喜歡的寫作計畫，書寫我的箴言集！繆思女神製造機也是五感帶來的靈感，我正努力為它寫一本使用手冊。在寫箴言集的時候，我很驚訝自己其實早已不自覺大量採用繆思女神製造機中的想法，包括「反覆檢查一件事」、「重溫舊筆記」、「結局要浩大」、「揭示或隱藏想法的架構」，當然還有「尋求神諭的指引」。

一切都很有趣，一切都很美好。現在，我可以走進任何一個房間，並將之視為博物館。就像知名心理學家榮格所言：「一個具有創意思維的頭腦，最喜歡與它鍾愛的事物玩耍。」如今的我已經學會如何玩耍，甚至還做了個創新之舉，帶著素描本和鉛筆去大都會博物館。

隨著對感官的探索，我花了些時間才瞭解一個關於感官的悖論。一方面，我們可以透過欣賞新鮮或有趣的活動來刺激五感產生創造力。就像參加令人震撼或罕見的感官體驗讓我迸出全新的想法與火花，翻閱繆思女神製造機上的卡片也有同樣效果。

但另一方面，我們亦可以將自己置於一個可預測、甚至是有點無聊的環境來開發想像力。不管是每天早上千篇一律的例行活動，或者是參觀大都會博物館，我的思緒都會主動轉移到那些比較新奇、特殊的事物或觀點上。有次讓我印象非常深刻，大概是在第五十次參觀大都會博物館某個特定展廳時，我那時覺得有點無聊，但剎那間腦大像是被雷打到，獲得很不一樣頓悟。大腦把這段時間以來所有關於感官的事實和細節全部連結起來，化作一句話：「所有美麗事物的背後，都有醜陋在支撐。」

但有事實可以支持我的想法嗎？有的！二〇一二年，為了降低菸品的吸引力，研究人員決定在包裝上採用最不受歡迎的顏色：彩通公司的448C色號。這是一種在視覺上就讓人反感的單調泥黃色，還曾被不雅地比喻為「嬰兒糞便色」，但我發現這個不受歡迎的顏色也出現在如達文西的〈蒙娜麗莎〉等偉大藝術作品中，於是決定在博物館中尋找這個「醜陋」的顏色。我先找到荷蘭畫家特布魯根（Hendrik Terbrugghen）悲傷的〈耶穌受難與聖母和聖約翰〉這幅畫，驚訝地發現這個色號竟然為作品增添了美感，強調出耶穌受難時夜空戲劇化的色彩轉變。還有法國畫家畢沙羅（Camille Pissarro）寧靜的風景畫〈彭退斯的加來斯山〉，在心曠神怡的田野和屋頂中也可以發現這個顏色。

先前參加桑坦音樂會時，我注意到音樂中經常出現許多令人驚訝的「不和諧音」。後來才明白，西方傳統中許多聽眾會將不和諧音與衝突、緊迫感聯想在一起。同時，不和諧音還可以為音樂帶來未解的神祕感，使其更引人注意，在藍調、浪漫主義時期和桑坦的音樂中皆可窺見這種運用。

香水課時老師也說過，想要製造出美麗的香味，有時必須添加難聞的東西。這類成分包括麝香、非洲石（hyraceum，由蹄兔的尿液與糞便所組成的排泄化石）和龍涎香（常被稱為「鯨魚的嘔吐物」，實際上是由鯨魚另一端的消化系統產生）。

在研究味覺中我學會，酸味能夠提升果醬的口感、用苦味可可粉製作的松露巧克力比使用糖粉的滋味更好。一小撮鹽，儘管本身的味道並不討人喜歡，卻能為其他味道增添風味。

愜意的「下課時間」讓我的想像力無所限制地奔放，並將看似不相關的細節串聯起來，我決定在繆思女神製作機中加入新箴言：不要害怕增加一點點的醜陋。

創造更多記憶

普魯斯特在《追憶似水年華》中描述品嘗被茶水浸泡過的瑪德蓮蛋糕，可說是由感官引發強烈情感記憶的最著名例子，不過每個感官都有喚起逝去時光的能力。聆聽由英國資深演員吉姆．戴爾（Jim Dale）錄製的《哈利波特》有聲書，總讓我回憶起女兒們小時候，而髮膠的味道則是讓我想起小時候看著父母為出席正式聚會梳妝打扮的記憶。

五感不但讓我們與過去和現在產生連結，還能創造更多新的記憶。更重要的是，五感能幫助我們找回遺失的記憶，因為重溫愉快記憶的最好方式就是再次體驗。此外，正如我從婆婆身上所學到的，詢問別人經歷過的感官記憶是拉近關係與瞭解彼此的好方法。

「傳統」和「節日」也生動地將感官與事件聯繫起來，因而能創造出持久的記憶。每當回憶起與家人共度聖誕節的情景時，我總能想起各種閃閃發光的裝飾品、聖誕樹的味道和只有在十二月才會點的「松果線香」。除此之外，每年平安夜晚餐必備的香腸湯以及媽媽親手為我和伊莉莎白編織的聖誕襪也歷歷在目。這些感覺是如此真實和熟悉，讓我得以牢牢抓住過去。

思考五感與記憶的關係時我發現一個重要的真理：熟悉的事物容易被忽視。基於這個原因，我決定建立「每日相簿」收集日常生活的照片。日子很長，但歲月很短，我曾以為自己會永遠對著嬰兒床裡的女兒們輕聲唱〈早安曲〉，但現在我幾乎不記得那張嬰兒床長什麼樣子，更不用說曾花心思為嬰兒床拍張照。我也思考著，自己到底打開過冰箱多少次？這個問題看似很無趣，冰箱內的食物也似乎一成不變。但十五年前我放進冰箱的物品與現在截然不同，五感實驗教會我可以透過飲料罐上不斷變化的設計圖樣來記錄生活。

於是我找了個星期六拍攝「每日相簿」需要的日常照片，從藥櫃、壁櫥、書架、房間到大樓的大廳和電梯。還拍了些提醒我關於聲音、氣味、味道和觸覺的照片，包括每天早上使用的電動鬆餅機、巴納比最喜歡的聲音玩具和我最喜歡的帽T。

我把照片製作成一本相片書，翻閱過程中感覺這些看似普通的物品彷彿有了新生命。很奇妙，真實事物的複製品反倒比本身更具有說服力。每日相簿為我平凡的日子帶來全新體悟。

這個練習也讓我想重溫過去平凡的日常場景，但是該怎麼做？幾年前爺爺奶奶去世，房子也跟著出售，我突然想到，或許能在房地產網站上找到他們的房子。果然，輸入街道地址後，它就在那裡。我看到奶奶生前種滿紫色和白色牽牛花的磚砌花壇、爺爺常烤漢堡的戶外露臺，還有我和伊莉莎白房間牆上的粗砂漆料。我甚至看到浴室的小洗手臺上，放著爺爺常用的萬用去汙皂。

最後一次去他們家的時候，我在白色廚房櫃檯非常接近邊緣的地方，刻下一個小小的凹痕。現在我突然有種來自兒時的衝動，想重返那個自己永遠無法再回去的心愛地方，留下新的印記。我盯著照片，

想看看是否能看到那個凹痕，不知為何，總覺得能看到它。照片中的房間如此平凡，是我的愛和記憶讓它與眾不同。

心理學中有個受到廣泛研究的問題是：「人的個性會改變嗎？」答案則令人不甚滿意——有可能，但機率不大，而且還要看情況。我也這麼覺得。

我最早的感官記憶之一是站在幼兒園廁所中的小凳子上準備洗手。把雙手放在冰涼的水流下方，我看著鏡中的自己心想：「我在這裡，這就是『現在』。」

我思忖，之所以記得那一刻是不是因為當時我就已經意識到「我是誰」，我能注意到周圍的環境並同時捕捉腦中產生的想法，這種感覺到現在依然強烈。事實上在寫下這句話的時候，我就有這種感覺。時不我待，我多麼希望能擁有一張祖父母房子的照片或一個保有幼兒園氣味的瓶子。

現在，是每段過去的起點。

更像自己，成為葛瑞琴

幾年前由於想要更認識自己，我寫下一份「葛瑞琴的十二條戒律」清單，這是我認真生活的大原則及方向。第一條是最重要的：做自己，成為葛瑞琴。要做到這點我必須非常瞭解自己，但難度很高。因為我們很容易被自己希望成為的樣子或別人認為我們該怎麼做而干擾，進而失去對實際狀況的掌控。

要成為葛瑞琴，我不但必須接受自己，還要對自己抱有期待。這意味著我不僅要接納自己本質中的實然面，更要擴大個性中的可塑性。開始進行五感實驗時，視覺和嗅覺是我的前臺感官；聽覺、味覺和觸覺則屬於後臺感官。

五感實驗加深了我對視覺和嗅覺等前臺感官的樂趣，我不但為色彩著迷，還身體力行地停下腳步嗅聞花香而不只是說說而已。更妙的是，一旦開始關注感官，我從眾多被忽略的感官中獲得許多快樂。原來，我喜歡音樂！原來，我有無邊的想像力（僅靠翻閱謬思女神製造機的卡片就可以達成）！原來，我如此喜歡天鵝絨的觸感！沒錯，我依然沒有進化成更具冒險精神的吃貨，但我開始對熟悉的味道擁有不同的欣賞角度。

瞭解自身感官的獨特世界之後也提醒我，我無法永遠擁有它。很多時候，人只有在失去或害怕失去某樣東西才懂得珍惜。我與眼科醫生的談話很簡短，卻足以點醒我感官的脆弱。不僅如此，時間本身就有奪走我熱愛事物的能力，一切終將隨著時間沉入歲月的流沙，成為過去。

就我而言，感官之所以珍貴除了帶來純粹的快樂，還具備將我與生活中短暫擦肩而過的人、場所或普通時刻聯繫起來的力量。

在努力與五感建立連結的過程中，參觀大都會博物館的計畫讓我改變最多。我堅持每天前往博物館，利用自己對紀律的熱愛，再從紀律中得到解脫，參觀博物館為我提供充分的休憩時光。過去我總習慣與朋友一起參觀，現在卻成為最適合獨處的活動。說實話，去參觀博物館或展覽時，只去一次是無法帶來任何實質的收穫。只去一次有什麼意義呢？我想，我在餘生中的每一天都會去參觀大都會博物館。

我選擇了博物館，但每個人的選擇當然不盡相同。不管你選擇的是公園、穿過社區的某條路線甚至是門前的臺階都無妨。重要的是，隨著日復一日的複習和熟悉，世界會以一種意想不到的方式重新展現在我們眼前。

我選擇大都會博物館並在那裡找到看待自身處境的不同標準。每天的生活瑣事壓得我喘不過氣，但是人在博物館讀著各種與災難有關的展品解說時——不管是羅馬城被洗劫或是皇室愛犬死亡，我的不安都能神奇地消退。除此之外，博物館內的珊瑚、水晶、胡桃木、豪豬刺、金箔、陶土、羽毛和玉石等各種重現大自然奧妙的展品也深深吸引著我。

「敬畏」是一種帶來強烈滿足感的情緒。研究顯示，經常體驗或懷抱敬畏的人，除了更謙遜和富有創造力之外，還擁有較高的幸福感和積極與他人建立聯繫的念頭，甚至在健康方面都有更好表現。敬畏，能減少焦慮和壓力。

說實話，我並不在乎這些功利性的言論，我喜歡大都會博物館是因為純粹的快樂。從走進大門的那一刻起，我就能感到無以名狀的快樂。但這也成了一個矛盾之處：我深刻感受到自己內心獨處的需求，同時又抽離自己與世界產生聯繫。大都會博物館是我的遊樂場、我的祕密樹屋、我的公休日。

我對自己老是穿著瑜伽褲和運動鞋逛博物館感到內疚。著名英國作家王爾德在他的學生時代曾說過：「我發現自己越來越難以與我的藍色花瓶媲美。」這句話在當時引起全英國轟動，我也有同樣的感覺。站在莊嚴神聖的〈荷魯斯神保護國王內克塔內布二世〉雕像前，我忍不住心想：「我該怎麼做才能配得上它？要如何昇華到這個層次的美？」最好的方法就是用五感去感受，因為五感，沒有人能拿走我的大都會博

物館體驗。

博物館裡一切都是靜止的，一切都在等待我去探索。隨著越來越熟悉和瞭解藝術品，每件作品顯得益發美麗。大都會博物館在我的注視下慢慢變成「我的」博物館，透過親身探索和感受，我終於成為大都會博物館的一部分。大都會博物館是如此宏偉且頻繁地重塑其內涵，永遠不會顯得過時和陳舊，我第十次回到義大利畫家博吉安尼的〈帶著調色盤和畫布的自畫像〉前時，發現它竟然消失了！我很開心在有機會的時候仔細地欣賞過這幅畫。

還有一次走過中世紀瑰寶展廳時，我像往常一樣停下來，傳了張我們最愛的「牙齒牛」照片給伊麗莎。我第一次注意到，在那扇彩色玻璃窗上，聖母瑪利亞和聖約瑟身後鮮紅色的欄杆輝映著陽光，讓他們的面容顯得光彩奪目。

我以前怎麼從來沒有發現？

接著，走過整排被燦爛陽光照得閃閃發亮的大理石雕像時，我突然意識到大都會博物館對我的特殊意涵：大都會博物館是我事業中最重要的養分和象徵。

剛開始每日拜訪大都會博物館時，我渴望透過這個計畫超越自己先天上的限制，也期待自己更深入體驗生活——我唯一的生活。造訪大都會博物館是我試圖探索內心未開化之地的試煉。藉由五感，我讓每幅曠世巨作都鑲嵌在明亮的記憶裡，我讓被忽視的樓梯間、噴泉、明信片和裝滿鮮花的石瓶儲存在五感之中，隨手可得。

今後。

我，就是實驗室。

我，就是筆記本。

我，就是博物館。

· CHAPTER 7 ·

終章

比天空更遼闊

大腦，比天空遼闊
因為，將兩者放在一起時
前者能輕易地包含後者
還有你
——美國詩人艾蜜莉・狄金生

EPILOGUE

巴納比習慣在午後散步，我一如往常地帶牠出門，但今天氣象預報說可能會下雨，加上我也想盡快回到辦公桌前工作，所以沒有像平常那樣讓牠東聞西嗅，而是催促牠照著既定路線前進。我們在轉角處停下來等紅燈，我瞥見附近街道上的橙色交通錐。

那是個再普通不過的塑膠交通錐，我見過無數次卻從來沒有認真地好好看它。但此時此刻，在陰天和黃綠色交通號誌的閃爍映照下，這個橙色交通錐在灰藍色的柏油路上閃閃發光，彷彿從內部燃起火焰。

巴納比拽著牽繩拚命想往前走，我卻像是被下了石化咒語，愣在原地。

每個平凡無奇的一天，偶爾會有某樣物體或某項行為替生活帶來意義。有次搭計程車時，我在距離目的地一個街區以外的地方下車，把車讓給一位瘋狂想攔到一輛計程車的男子。「嘿，你看起來非常需要一輛車。」我邊下車邊對他說。「上帝祝福你！」他一臉感激地看著我，語氣如此強烈，讓我有時候會覺得從那輛計程車下來大概是自己這一生做過最大的善事。

和巴納比在紅綠燈旁等待的那一刻，我瞥見了「平凡」如何變得「崇高」。這個橙色的圓錐體，是我這輩子見過最真實的東西。

凝視著它的同時，一旁隨處可見的街道設施如郵筒、垃圾桶以及停放在路旁的汽車都瞬間消失無蹤。交通錐就在那裡，彷彿佇立了一輩子，是街道與城市不可分離的一部分，看起來既古老又現代。這個交通錐，和乾草堆、公園的長椅、文人石（譯註：scholar's rocks，指用來作為中式庭園造景之用的天然、形狀獨特的石頭）和海玻璃一樣，都是落入人間，遊走在人造之物和大自然瑰寶之間的產物。

還有它的顏色，我目不轉睛地盯著那熾熱亮眼的橙色。凝視交通錐時，我感覺自己倏然從各種讓人心煩的憂慮和自我懷疑中超脫，進入一種純粹感官的靜止境界。雖然沒有體驗到像博物館帶來的宏偉回聲或在山巔上俯視世間的壯闊之美，但不知何故，這個圓錐的存在讓整條街道看起來更友善和充滿可能性。交通錐彷彿也知道自己的存在能帶來喜悅，盡責地熠熠生輝。

此刻，交通錐周圍的每道風景和聲音都被無限放大。我感到冷冽刺骨的寒風掃過落在臉頰上的頭髮，我聞到圍巾上溫暖的羊毛與潮濕路面上空氣和鹽交織的氣味，我甚至聽到一對情侶經過身旁的低語聲。

注視交通錐時，腦中產生的畫面幾乎與身體的感受同樣強烈。這一刻，我突然對周圍的人產生一種情感——一種大到能夠包容這整個世界、所有人的溫柔。對我來說，沒有什麼比人類更重要的事。

這一刻我無比清醒，同時接收到不可勝數的感覺，像一股電流傳遍全身。隨著一陣狂風捲起，豆大的雨滴開始落下，天空光線變得昏暗，交通錐又變回那個普通的街道設施。

這一刻已然過去，但又再度重生，而且將會永遠存在，至少在我活著的時候都會是如此。

抬起頭吧，仰望世界和天空，感受這一切。勇敢地，伸出雙手。

致謝

我每次撰寫新書時都會想著：「就是這本了！我再也找不到這麼有趣的主題了。」然後總會發現更有趣的新題材。

我要感謝非常多人的幫助和提出的洞見。

首先，感謝圖書館員、書商、讀者和我的Podcast聽眾。非常感謝你們的熱情和支持，還要特別感謝那些與我聯繫、提出問題、分享想法並提供資源的讀者和聽眾。跟你們討論讓我學到很多，你們提供的眾多意見也都被寫進此書。特別感謝芬恩・達根（Finn Duggan）、瑞姆・凱西斯（Reem Kassis）、查克・里德（Chuck Reed）和莎拉・斯澤（Sarah Sze），謝謝你們與我分享非常特別的個人感官體驗。

也要感謝有非常多人幫助將我的文字推向世界。

感謝我傑出的經紀人克莉斯蒂・佛萊契爾（Christy Fletcher），感謝梅麗莎・青奇洛（Melissa Chinchillo）、莎拉・富恩特斯（Sarah Fuentes）、約娜・萊文

（Yona Levin）和維多利亞・霍布斯（Victoria Hobbs）。

感謝編輯瑪麗・雷尼克斯（Mary Reynics）出色的指導，也要感謝皇冠集團（Crown）的大力支持，包括：吉莉安・布萊克（Gillian Blake）、莎拉・布雷沃格爾（Sarah Breivogel）、吉娜・森特雷約（Gina Centrello）、朱莉・塞普勒（Julie Cepler）、大衛・德雷克（David Drake）、克莉斯蒂娜・福克斯利（Christina Foxley）、艾蜜麗・哈特利（Emily Hartley）、琳賽・肯尼（Lindsey Kennedy）和安斯莉・羅斯納（Annsley Rosner）。同時也要感謝兩路團隊（Two Roads）。

還要感謝克里斯塔爾・埃夫森（Crystal Ellefsen）、迪莉亞・洛伊德（Delia Lloyd），特別是艾麗絲・特魯克斯（Alice Truax）。

衷心感謝「葛瑞琴・魯賓」工作室傑出、富有想像力的團隊：亞當・卡斯韋爾（Adam Caswell）、勞倫・克里斯騰森（Lauren Christensen）、安妮・喬利（Annie Jolley）、埃米・喬伊克斯（Emy Joyeux）、傑生・康拉德（Jason Konrad）、琳賽・羅根（Lindsay Logan）、安妮・墨科利亞諾（Anne Mercogliano）和喬（Joe），我很開心每天都能與你們一起工作。

感謝和我在《與葛瑞琴・魯賓一起擁抱更快樂的生活》Podcast中了不起的工作夥伴：查克・里德（Chuck Reed）和韻律13（Cadence 13）的所有人，以及

WME公司的班・戴維斯（Ben Davis）。

感謝作家協會提供的良好建議和安慰。

當然還要非常感謝紐約大都會博物館、中央公園和紐約公共圖書館的支持，我從不認為這些美好場所的存在是件理所當然的事。最後，再次感謝我的朋友和家人：凱倫・克拉夫特（Karen Craft）、傑克・克拉夫特（Jack Craft）、伊莉莎白・克拉夫特（Elizabeth Craft）、裘蒂・魯賓（Judy Rubin）和鮑勃・魯賓（Bob Rubin）。特別感謝杰米、伊麗莎和艾莉諾，他們在許多實驗中都愉快地自願當小白鼠。

不妨在家試試這個

五感啟動計畫指南

我希望閱讀完這本書後能讓你從座位上跳起來，立刻開始進行自己的感官體驗。為了幫助你更瞭解自己的感官，我在gretchenrubin.com/quiz/設計了一些測驗。

此外，這個「五感啟動計畫指南」也是個不錯的開始，這些練習有助於……

- 利用實驗或想像來探索某種感覺
- 與他人分享某種感官體驗
- 計畫一次以感官體驗為主的冒險
- 反思某種感覺引發的回憶
- 提高從某種感覺中獲得的愉悅感或減少憂慮
- 透過學習來加深某種感官體驗

- 創造一些由感官體驗激發的東西
- 適度放縱來享受某種感覺
- 注意平凡的事物
- 找出一個健康的享受方式

我會不斷更新內容，如果你有任何建議，歡迎與我分享！

視覺

- 觀看知名的網路實驗來探索視覺：
  ※ 觀察網路上瘋傳的那條「裙子」，看看它是白金色還是黑藍色。
  ※ 看一部說明「麥格克效應」的影片。
  ※ 觀看「看不見的猩猩」實驗影片。
- 尋找被忽視的東西，不管是電視廣告、藥妝店的貨架、商標、書封、自己的辦公室或家裡附近的房子。靜下心來仔細觀察時，你看到什麼？
- 選擇一個地方進行每日參觀，例如：你總是走同一條健行小徑、在社區散步都走固定的路線、去同一家雜貨店或者坐在同一張長椅上欣賞公園景色。捫心自問，生活中是否有個你一直想要更加深入探索的地方？當每天持續拜訪同個地方，世界會帶給你不同的禮物。

- 盡情享受並揮霍色彩。找到平價和簡單的方法為生活增添色彩，例如穿戴明亮有趣的顏色、幫櫃子的背面漆上顏色、在桌上放個紙鎮、買漂亮的彩色鉛筆和為指甲塗上美麗的顏色。
- 收集某種顏色的物品。例如整理書架時，按照書背的顏色來排列，或是考慮以大自然中的東西為收集主角（如松果、貝殼或羽毛）。每年聖誕節，我媽都會用聖誕老人造型的飾品來裝飾聖誕樹，所有的裝飾品都是紅、白或黑色系，看起來非常壯觀。
- 邀請某人與你進行一場以視覺為主的冒險。你們可以一起拜訪瀑布、新社區或歷史遺跡，觀光是最流行的分享經驗方式之一。
- 尋找新的觀察方式。為了提高視覺的敏銳度，請先選擇一件物品並嘗試以不同的方式來觀察：如從鏡子中看、瞇著眼睛看、用手擋住物品的一部分來尋找比例的變化，或試著從遠處或近處看。
- 沉浸在視覺饗宴中。請尋找震撼的視覺體驗，不管是去天文館、看ＩＭＡＸ電影或是去拉斯維加斯的賭場都可以。

- 把手機螢幕切換為「灰階」模式降低吸引力。試著用一天或一個星期將螢幕設置為黑、白或灰色，看看沒有顏色的世界對你產生何種影響。
- 更新手機主螢幕圖像，或者整理應用程式，讓手機螢幕更加清爽與整齊。
- 將喜愛的景點明信片放在身邊的環境中，為自己製造驚喜。例如放在不同的抽屜或與文件櫃裡的檔案混在一起，這樣尋找物品時就能與美好不期而遇。也可以在汽車的遮陽板上放幾張，塞車時能隨時轉換心情。
- 消除令人不快的景色。重新審視住家和辦公室，有沒有發現任何雜亂、擁擠、破舊、骯髒或以任何方式傷害眼睛（美感）的物品？如果有，請試著擬訂環境改造計畫。
- 注意眼神和凝視帶來的力量。留意眼神接觸時的感受並透過追隨某人的目光，預測其想法。也請試著與某人對視三十秒，感受凝望帶來的強大力量。
- 尋找臉孔。請試著在汽車的外觀、樹皮或是你面前的吐司中尋找任何類似人臉的部分。
- 讓思緒自由馳騁，給自己胡思亂想的機會，不要試圖用意識引導思維。

聽覺

- 聆聽知名的網路實驗來探索聽覺：
  ※ 玩「虛擬理髮店」並仔細聆聽一切。
  ※ 聽聽「施帕音」。
  ※ 聆聽那個神祕音檔，看看你聽到的是洛羅還是葉尼。
- 思考自己與音樂的關係：你喜歡聽什麼歌？喜歡什麼類型的音樂？你喜歡歌曲還是純音樂？（我是歌曲的忠實粉絲。）
- 打造專屬於自己的能量音樂庫，讓任何心情都能找到相對應的歌曲搭配。不管是讓自己處於快樂、熱血狀態的歌單，還是想要帶來沉靜、深思、渴望或哀傷情緒的歌單。音樂，是犒賞自己最好的獎勵方式。
- 參加音樂會或嘗試聲波療法。雖然錄製好的聲音也很美好，但沒有什麼能取代現場表演帶來的震撼。
- 下載識別鳥類聲音的應用程式，認識周圍的鳥類。
- 記得使用麥克風，請體貼那些感官體驗跟你不同的人。
- 傾聽一切。寫下自己的傾聽宣言，提醒自己隨時隨地面對挑戰，以及更專注地傾聽。

- 聆聽音樂，每天都為自己創造專屬的背景音樂，並且注意音樂如何影響你的情緒。
- 改變手機鈴聲和提示音。請選擇更悅耳的鬧鈴聲，並且為重要的人設定專屬鈴聲和關閉不必要的通知音效。
- 選擇一個特定時刻，停下動作並專注傾聽，你聽到什麼？這些聲音如何改變你對這個地方和當下的感受？這些聲音是否過於熟悉，所以常常被你忽略？
- 降低噪音。就像清除雜物一樣，請找到清除雜音和噪音的方法。消除那些你討厭的聲音，並且保護耳朵。你可以關掉手機通知、購買品質優良的降噪耳塞或耳機、不看電視時就關掉，以及避免去吵雜的地方。
- 上網比較不同「顏色」的噪音，看看自己喜歡哪一種？你是否能藉由白噪音、粉紅噪音、綠色噪音或其他顏色的噪音來改善睡眠品質、更集中注意力或得到平靜？
- 增加靜默的時刻。如果可以，抽出時間靜修。此時不要與任何人交談、不要觀看電影或電視，也不要聽音樂或Podcast。如果發現僻靜對你來說是種休息，可以在生活中積極尋找方法創造更多安靜的時刻。
- 錄下你所愛之人的聲音。
- 正視身體的回饋。任何時刻只要感到焦慮、不安或憤怒，請立即調整五感體驗，不要拖延。

嗅覺

- 透過家庭實驗來探索嗅覺：
  ※ 捏住鼻子，把雷根糖放進嘴裡，然後鬆開鼻子，注意味道的變化。
  ※ 試試看桌遊《跟著你的鼻子走》，或與其他人組隊識別神祕的氣味。
  ※ 觀察再強烈的氣味也會在幾分鐘後消失。
  ※ 比較並記錄兩個鼻孔各自聞到的氣味有何不同。
- 藉由增加流向鼻子的血液來提高嗅覺能力，例如爬樓梯或做開合跳。
- 敞開心胸去接觸有趣的氣味體驗，例如聞一聞嗅鹽、香氛刮刮樂貼紙以及陌生的水果。
- 體驗氣味時，請試著描述你聞到的味道為何：花香、果香、甜味、綠意、新鮮、輕盈、濃郁、涼爽、溫暖、明亮、細膩、動物氣息、粉末味、草本味、藥草味、木質味、酸味、薄荷味、腐臭味、灰塵、尿騷味、奶油味、煙味、植物味還是樹脂味。

- 尋找為身邊環境添加美好香氣的方法，不管是香氛蠟燭、香包、新鮮花朵、香水還是線香。如果擔心對他人造成困擾，白天可以不擦香水或古龍水，晚上再使用。
- 消除異味，請想辦法解決以下地方可能散發的難聞味道：冰箱、廚房水槽下的空間、垃圾桶、潮濕的地下室、發霉的浴簾和經常受到寵物各種攻擊的地毯（排泄物、嘔吐、口水等）。
- 留意每個造訪環境的氣味，例如辦公大樓大廳、寵物店或教室；我們熟悉的氣味往往容易被忽視。
- 找出並記住讓你印象深刻的氣味。
- 記住所愛之人身上的味道。
- 想要對身處的場所更有「當下感」，請花點時間暫停動作，靜靜感受當下所有能嗅到的氣味。

味覺

- 透過家庭實驗來探索味覺：
  ※ 用柳丁來分辨酸味和苦味：果肉嘗起來是酸的，果皮則是苦味。
  ※ 咬一口能讓酸味變甜的「神祕果」。
  ※ 嘗試能讓感官產生嗡嗡作響和麻木感的「印度金鈕扣」。
  ※ 煮菜時添加從未使用過的香料。
- 寫下屬於自己的「味覺大記事」，不同時期，你最容易想起什麼味道？你可以跟家人和朋友一起回憶這些過程，例如哪個時期你最常嘗到什麼？你最喜歡（或最不喜歡）哪種味道？如果可以的話，重現一道家常菜、拜訪具有意義的老餐館，或找出承載記憶的各種食材。
- 去國際美食市集探索來自世界各地的味道，並選擇幾樣食品來品嘗。
- 拿出番茄醬在舌頭上滴幾滴，仔細留意味道、顏色、光澤、氣味和質地。然後將番茄醬與其他食物一起食用，感受味覺的變化。接著試試香草精，先聞一聞香氣，輕嘗一滴後加入食物中，感受它如何為食物增添風味。
- 選一天、一周、一個月或無限期禁止自己品嘗某種常見的味道，暫時剝奪某種味道可以幫助我們獲得快樂。與此同時你或許會發現，完全放棄某種味道能帶給感官更深刻的歡愉。

- 為了拓展味蕾，不妨參加感興趣的味覺品鑑課程（線上或實體課程都可以），例如品酒、啤酒、起司、巧克力或咖啡，最好和朋友共同參加。
- 舉辦品嘗派對，邀請大家比較不同品牌或熟悉食物的味道，如水果、醋、橄欖、茶、堅果醬、醃製食品、牛奶和能量棒。試著辨識神祕的味道或欣賞那些被視為理所當然的普通食物及成分。
- 獨自探索一種味道。找出你經常食用或飲用的食物，比較不同的品種或品牌，提升自己的味覺感知力。
- 分享味覺記憶。味覺是與他人建立聯繫的絕佳方法，透過食物可以瞭解每個人的童年、文化和回憶。邀請你愛的人分享他們的飲食經歷並一起品嘗餐點。
- 發明新口味的冰淇淋、三明治或其他料理。
- 從事讓自己感到無聊的活動，因為無聊可以激發想像力，感到無聊時我們會經由內省來尋求可能的刺激。

觸覺

- 透過家庭實驗來探索觸覺：

※ 拿出玉米澱粉在手指間擠壓，聽聽它發出的聲音。然後加水，創造出既是液體又像固體的非牛頓流體。

※ 玩跟觸感有關的玩具，例如動力沙、黏土、橡皮泥（Silly putty）或模型黏土。摺一架紙飛機、東南西北，以及任何造型的摺紙。

※ 在日常生活中尋找有趣的質地和材料，如錫箔紙和砂紙。植物也可以，如仙人掌或羊耳石蠶。

- 翻閱具有觸摸元素的書籍，如「觸感書」、「立體書」和「翻翻書」。
- 參觀允許觸摸商品的店家，好好感受浴巾柔軟的摺痕、玻璃碗光滑的表面和木工工具的重量。
- 盡可能觸摸不同質地的物品，過程中你會發現，認真使用雙手時會產生非常不同的感官體驗。
- 給予他人愛的觸摸——當然，要在合適的範圍內。尋找機會進行親密的擁抱、擊拳、拍肩、握手或輕觸，透過溫暖的觸碰與你所愛的人產生聯繫。

- 撫摸動物，真實感受牠們的皮毛和身體。
- 握住能帶來平靜的物品，如杯子、筆、手寫板或石頭。有些產品是專門為設計來讓人平靜和集中專注力，例如重力毯、療癒黏土、抒壓玩具和指尖陀螺。
- 感受水的力量，可以藉由泡澡、淋浴、感官剝奪箱、湖泊或大海中，體驗全身的觸覺。
- 思考哪些質地讓你感到愉快或困擾，是絲滑的、絨面的、柔軟的、粗糙的、塊狀的、扎人的、沙沙的還是光滑的。
- 透過擁有幸運物或進行幸運儀式來具體化抽象的「好運」概念。
- 使用雙手來激發想像力。將抽象的概念轉化為實體物品，幫助自己更有效地應對及掌握。
- 準備「感官禮物」，請為對方設計一份能為五感帶來愉悅和舒適的禮物。
- 購買喜愛的藝術品周邊，如杯子、日曆和杯墊等。詢問自己，擁有這件物品後，你對該作品的看法是否有所改變。
- 參觀博物館時選購幾張目前正在展出的藝術品明信片，將真實的藝術品與明信片版本進行比較，注意明信片如何改變你對真實作品的看法。

五感整體

- **如何獲得更多快樂？**留意並欣賞五感帶來的一切，你可以學我寫五感手札，記錄每天體驗到的各種亮點。除此之外，來個無傷大雅的五感惡作劇或送個可以迷惑感官的禮物來逗人開心，也是很棒的方式。如果你未滿二十五歲，盡可能讓自己體驗新的感覺，因為在二十五歲之前，我們如果沒有對新食物或新型態的音樂產生正面及認同的感受，日後要再接受的機率就很小。
- **建立深刻的親密關係。**為了更親近所愛之人，你可以試著創作「五感側寫」來敦促自己更注意對方身上所有的小細節。你也可以利用這個練習來回憶和緬懷逝世之人，或保留對一個地方、某個季節或一段特別經歷的記憶。
- **獲得能量和平靜。**找出適合自己的方法，根據現況調整五感對事物的強度，讓思緒清晰。
- **激發想像力。**為自己預留一段空閒時間讓心靈休息，你可以趁機參觀販售各式創意用品或工具的店家，像是五金行、百貨商店、居家DIY店、園藝中心、農夫市集、烹飪用品店、美術社或手工藝品店。

- **創造回憶**。總有一天，「現在」將會變成久遠以前的事，為了增強對當下的感受並為未來創造記憶，你可以製作「每日相簿」記錄生活點滴，還可以去房地產網站搜索過去住過地方的照片。
- **更瞭解自己**。參觀讓你感到敬畏的地方，敞開五感去體驗。

獲得更多資源

希望這本書能為你帶來更多與五感互動的創新想法。如果想瞭解更多資訊，請前往我的官方網站gretchenrubin.com。我會定期發佈許多關於幸福、五感、養成良好習慣和人性的冒險故事。網站上有更多我親身經歷的五感實驗文章，但可惜礙於篇幅無法收錄於書中。

你可以至下列網址填寫我設計的五感測驗，更深入瞭解自己與感官的關係。

gretchenrubin.com/quiz/

如果想聆聽我的「能量音樂庫」，您可以在Spotify上找到。

你還可以收聽每周固定更新一次的《與葛瑞琴・魯賓一起擁抱更快樂的生活》Podcast，我和妹妹伊莉莎白會透過分享最新的科普知識、古人的智慧、流行文化以及自身各種有趣的經歷和見解，教你變得更快樂。

不要忘記下載「更幸福」（Happier）應用程式，這是一款屢獲殊榮、可以記錄使用者習慣的應用程式。該程式提供個人化設定，幫助你變得更快樂、更健康、更有效率和創造力。想要瞭解更多資訊及註冊，請至thehappierapp.com。

關注@gretchenrubin，你可以在Instagram、臉書、推特X、YouTube、LinkedIn和Goodreads上找到我。

除此之外，還可以透過gretchenrubin.com發送電子郵件給我，分享你的經驗、見解和疑問。最後，我非常期待聽到你對於「如何更好地實踐日常生活」這個迷人主題的任何想法。

葛瑞琴・魯賓　敬上

後記

本書中，基於保護隱私，我變更了部分人物的名字，也修潤部分人士的言論。另外，考量新冠肺炎帶來的巨大衝擊，為了顧及內容的流暢性、層次與結構，我重新安排了一些事件發生的順序，但書中所有的內容都來自真實的人物和事件。

國家圖書館出版品預行編目 (CIP) 資料

五感全開：充滿驚喜和意義的一年 / 葛瑞琴．魯賓 (Gretchen Rubin) 著；錢宜琳譯．-- 初版．-- 臺北市：遠流出版事業股份有限公司，2024.01
面；　公分
譯自：Life in five senses.
ISBN 978-626-361-406-2(平裝)

1.CST: 幸福 2.CST: 自我實現

177.2　　112019712

五感全開

充滿驚喜和意義的一年

作者——葛瑞琴．魯賓（Gretchen Rubin）
譯者——錢宜琳
總編輯——盧春旭
執行編輯——黃婉華
行銷企劃——鍾湘晴
美術設計——王瓊瑤

發行人——王榮文
出版發行——遠流出版事業股份有限公司
地址——104005 台北市中山北路一段 11 號 13 樓
客服電話——(02)2571-0297
傳真——(02)2571-0197
郵撥——0189456-1
著作權顧問——蕭雄淋律師
ISBN ——978-626-361-406-2

2024 年 1 月 1 日 初版一刷
定價——新台幣 480 元
（缺頁或破損的書，請寄回更換）

遠流博識網
http://www.ylib.com
E-mail: ylib@ylib.com